Monika Matschnig

KÖRPER SPRACHE

Verräterische Gesten und wirkungsvolle Signale

Körpersprache
Tag für Tag

Jeder Körper spricht anders 159

Zum Nachschlagen 186

Vorwort

Seit Jahren kämpfe ich darum, die Körpersprache in das Bewusstsein der Menschen zu bringen. Die Früchte meiner Bemühungen sind da. So ist jede Veröffentlichung, die auf diesem Gebiet erscheint, ein Schritt weiter in der Bewusstmachung unserer Körpersprache.

Mit Genuss habe ich das Manuskript dieses Buches gelesen, seine Einfachheit und die direkte Art sind jedem zugänglich.

Die Zeichen der Körpersprache zu (er-)kennen, sie richtig auszulegen und selbst anzuwenden erleichtert jede Art von Kommunikation. Der Körper lügt nicht, und wer seine Signale versteht, kann seinem Gegenüber positiv entgegentreten, durchschaut die Verstellungsgesten anderer und lernt, ihre Gefühle zu respektieren und zu begreifen. Um das zu bewerkstelligen, benötigen wir Informationen von unserem Gegenüber, die uns zu einer bestimmten Wahrnehmung veranlassen. Und die meisten Informationen erhalten wir über die Bewegungen des Körpers. Durch die Kenntnis von

Körpersprache gewinnen wir also unschätzbare »Bekenntnisse«, die unsere Gesprächspartner nicht hinter Worten verbergen können.

Keine Bewegung ist zufällig. Was zufällig erscheint, lässt sich im Zusammenhang mit den situativen Umständen und den – oft unbewussten – Absichten des Einzelnen erklären. Wir vermitteln mehr Informationen über uns, als wir denken, und dasselbe gilt für unseren Gesprächspartner. Jeder Mensch wirkt durch sein Verhalten als »Reiz« auf seine Umgebung. Die Mitmenschen reagieren auf diese Reize, und es entsteht eine Art Rückkoppelung. Das bewusste Wahrnehmen dieses Zusammenspiels ermöglicht somit auch die Änderung unseres eigenen Verhaltens. Ein Körperausdruck entsteht unbewusst, kann aber vom Verstand kontrolliert und gelenkt werden. Die Angst vor echten Gefühlen, die die Gesellschaft als Schwäche deuten könnte, führt dazu, dass der spontane Ausdruck häufig gebremst wird. Dadurch fehlt dann bei der Kommunikation oft die Überzeugungskraft menschlichen Ausdrucks, die eine subjektive Erlebnisqualität mit sich bringt und nicht selten das Verständnis erleichtert. Die Scheu vor Gefühlen ist jedoch weit verbreitet und verursacht Blockaden, obwohl längst bekannt ist, wie stark der Anteil des Emotionalen an all unseren Entscheidungen ist.

Leider haben viele Menschen verlernt, auf positive Art und Weise mit ihrem Körper zu leben und seine Fähigkeiten und Vorteile zu nutzen. Wir verwenden viel Zeit und Energie, um zusätzlich zu unserer Muttersprache noch weitere Sprachen zu lernen. Doch warum nehmen wir uns nicht erst einmal die Zeit, unsere Primärsprache zu verbessern — die Sprache unseres Körpers?

Samy Molcho
Wien, im April 2007

Körpersprache Tag für Tag

Ob im Bewerbungsgespräch oder beim Geschäftstermin – ob beim ersten Kennenlernen oder im Beziehungsalltag:
Die Körpersprache anderer Menschen zu entschlüsseln, hilft Ihnen in vielen Situationen weiter. Und genauso nützlich ist es natürlich, wenn Sie wissen, wie Sie selbst den richtigen Eindruck hinterlassen können.

Körpersprache – warum ist sie so wichtig?

Die Körpersprache unserer Mitmenschen entschlüsseln zu können, ist in vielen Situationen des täglichen Lebens sehr hilfreich. Die unbewussten Signale und Gesten, die wir an anderen beobachten können, erleichtern uns den Umgang mit ihnen – vor allem, wenn wir es mit Personen zu tun haben, die wir kaum oder noch nicht kennen. Doch auch bei vertrauten Menschen helfen uns bestimmte Verhaltensweisen, ihre wahren Gedanken oder Gefühle zu erkennen. Wir können beispielsweise einschätzen, ob der andere unseren Ausführungen tatsächlich zustimmt. Oder ob er begreift, was wir ihm vermitteln möchten. Ob er uns möglicherweise anschwindelt, und auch, was für ein Persönlichkeitstyp er ist … Die Körpersprache unseres Gegenübers zu verstehen, verbessert in jedem Fall das Miteinander – im privaten wie im beruflichen Bereich.

Doch worauf kommt es an bei der Körpersprache? Bei der Interpretation von körpersprachlichen Signalen ist es wichtig, das Zusammenspiel mehrerer Faktoren zu berücksichtigen – so zum Beispiel sowohl den Inhalt dessen, was jemand sagt, als auch die Art, wie er es sagt.

Körpersignale können dabei verstärkend oder widersprüchlich wirken – oder sogar Worte ganz ersetzen. Überzeugend ist unser Gegenüber, wenn seine Gestik, Mimik und Haltung die gleiche Botschaft vermitteln wie das Gesagte selbst. So ärgert sich jemand ganz offensichtlich, wenn er mit der Faust auf den Tisch schlägt und gleichzeitig seiner Wut auch verbal Ausdruck verleiht.

Wenn jemand dagegen etwas sagt, das er nicht wirklich denkt oder fühlt, widersprechen die Körpersignale seinen Worten. Schließlich verraten Gesten und Mimik immer die wahren Gefühle. Stimmt Ihr Gesprächspartner Ihnen zum Beispiel verbal zu und fährt sich dabei mit der Hand über den Mund, ist das ein Zeichen dafür, dass er in Wahrheit nicht einverstanden ist. Durch dieses Verhalten wirkt der Betreffende wenig vertrauenswürdig – denn wenn die Worte eines Menschen etwas anderes aussagen als seine Körpersprache, erzeugt das immer Misstrauen.

Manchmal lässt sich durch Körpersprache sogar so viel ausdrücken, dass es keiner Sprache mehr bedarf. So bedeutet beispielsweise ein Nicken Zustimmung, während ein Kopfschütteln dagegen Ablehnung signalisiert.

Sie sehen, rund um die Körpersprache gibt es viel zu erfahren und zu lernen. Auf Ihrem Weg, den Körper zu verstehen, und die Gefühle, Gedanken oder Beweggründe eines anderen Menschen anhand seiner Mimik, Gesten und Körperhaltung zu entschlüsseln, kann Ihnen dieses Buch ein guter Ratgeber sein. Dabei wird der erste Eindruck, den wir auf jemanden machen, ebenso unter die Lupe genommen wie die wichtigen Signale beim Flirt, in der Partnerschaft und im Job. Sie erfahren, auf welche körpersprachlichen Zeichen Sie in welcher Situation achten sollten und welche Bedeutung jeweils dahintersteckt.

Doch auch Ihre eigene Körpersprache wird nicht zu kurz kommen! Für die verschiedenen Bereiche des alltäglichen Lebens finden Sie daher viele anschauliche Beispiele und praktische Tipps, wie Sie Ihre eigene Körpersprache optimieren und bei Bedarf gezielt einsetzen können.

Am Ende jedes Kapitels sind dann im »Lügendetektor« die wichtigsten verräterischen Gesten noch einmal für Sie zusammengestellt, damit Sie sich die elementaren Vokabeln der Körpersprache bequem einprägen können.

Haben Sie schließlich Ihren Körpersprache-Wortschatz erweitert, erfahren Sie, wie Sie mit Hilfe Ihrer neuen Sprachkenntnisse verschiedene Persönlichkeitstypen unterscheiden können. Schließlich hat jeder Mensch einen anderen Charakter – unsere Körpersprache sagt also nicht immer das Gleiche aus. Auch wenn wir dieselben Gesten verwenden und dieselbe Haltung und Mimik aufweisen, so gibt es in der nonverbalen Kommunikation doch einige Unterschiede. Denn jeder von uns benutzt seinen Körper mehr oder weniger intensiv als Sprachrohr. Ein sehr extrovertierter Mensch zum Beispiel zeigt eine lebhafte Körpersprache mit überschwänglichen Gesten, eine ausdrucksstarke Mimik und eine eher aufrechte Haltung. Ganz anders bei einem introvertierten Typ, bei dem alles gedämpft wirkt: Wenig Mimik, kleine Gesten und eine gebückte Haltung zeichnen einen solchen Menschen aus.

Doch ganz egal, welcher Typ Sie sind – wichtig ist, dass Ihre Körpersprache zu Ihnen passt. Nur so wirken Sie authentisch und sympathisch. Und damit Sie überall einen optimalen – also sympathischen und authentischen – Auftritt hinlegen und Ihre Körpersprache richtig einsetzen, unterstützt Sie dieses Buch. So überzeugen Sie Ihr Gegenüber und sind in allen Situationen des Alltags erfolgreich!

Sympathie auf den ersten Blick

»Den kann ich nicht leiden!« – »Aber woher willst du das denn wissen, du kennst ihn doch gar nicht?« Kommt Ihnen diese Situation bekannt vor? Sicher ist es auch Ihnen schon mal passiert, dass Sie eine fremde Person vom ersten Augenblick an ins Herz geschlossen haben – oder eben auch nicht leiden konnten –, ohne jedoch zu wissen, warum. Eine Freundin stellt Ihnen zum Beispiel ihre neue Arbeitskollegin vor – und ohne sie näher zu kennen, fühlen Sie sich zu ihr hingezogen oder nehmen sie kaum wahr oder – schlimmer noch – finden sie sogar unsympathisch! Und das, bevor die Betreffende überhaupt den Mund geöffnet und mit Ihnen gesprochen hat! Doch wie lässt sich so ein Empfinden einem bislang fremden Menschen gegenüber erklären?

Ganz einfach: Ohne uns zu fragen, ob diese Reaktion irrational ist, oder ob wir uns möglicherweise voreingenommen benehmen, hat unser Unterbewusstsein innerhalb von Sekundenbruchteilen gnadenlos über unser Gegenüber geurteilt.
In dem Moment, in dem wir auf einen fremden Menschen treffen, wird unbewusst ein bestimmter Prozess in unserem Körper in Gang gesetzt. Doch was ist es, worauf wir bei anderen in den ersten Sekunden achten? Was wird als sympathisch und was als unsympathisch oder sogar regelrecht unangenehm empfunden? Können wir den Eindruck, den wir bei einem ersten Aufeinandertreffen wecken, beeinflussen oder im Nachhinein revidieren? Was genau läuft während einer solchen Situation in unserem Organismus ab?

Der erste Eindruck und seine Folgen

Wie Sie stehen, gehen oder sitzen, Ihre Kleidung, Ihr Gesichtausdruck, Ihre Gesten und Ihre Körperhaltung – all das sind nonverbale Signale, die Ihr Gegenüber, wenn auch unbewusst, bereits im ersten Augenblick wahrnimmt. Wenn Sie eine fremde Person zum ersten Mal sehen, sind in Ihrem Gehirn 100 Milliarden Nervenzellen aktiv. Ihr automatischer »Scan« läuft zu diesem Zeitpunkt auf Hochtouren und steckt Ihr Gegenüber sofort in eine bestimmte Schublade. Dieser Vorgang dauert gerade einmal zehn Millisekunden. Nicht viel Zeit, um einen Menschen tatsächlich beurteilen zu können, denn dabei nehmen wir weder seine Gesichtszüge noch das Geschlecht wahr. Wir sind dadurch aber in der Lage, aus einer Vielzahl von fremden Personen – beispielsweise auf einer Party – bestimmte Menschen herausfiltern zu können, um eine sensorische Reizüberflutung zu vermeiden. So gibt es Personen, die wir den ganzen Abend nicht bemerken, und Menschen, die uns sofort auffallen.

Der 150-Millisekunden-Scan

Sticht uns eine Person ins Auge, geht der Scan-Prozess weiter – für ganze 150 Millisekunden. Danach folgt die Beurteilung unseres Gegenübers, wobei es zunächst einmal nur darum geht, ob einem jemand sympathisch ist oder nicht. Eine einfache Entscheidung, von der allerdings einiges abhängen kann. Schaffen wir es, sympathisch auf unser Gegenüber zu wirken, wird uns automatisch Kompetenz zugeschrieben. Erwecken wir jedoch einen unsympathischen Eindruck, werden uns eher gegenteilige Eigenschaften unterstellt. Und ist so eine Einschätzung einmal getroffen, lässt sie sich nur schwer – und vor allem sehr langsam – revidieren. Vorausgesetzt natürlich, dass es überhaupt ein Wiedersehen und damit die Gelegenheit dazu gibt. Doch haben Sie sich nicht selbst schon hin und wieder eingestehen müssen: »Der ist ja gar nicht so, wie ich dachte …«

Die halbe Miete: ein guter Eindruck

Dem ersten Eindruck sollte deshalb immer besondere Aufmerksamkeit zukommen, egal ob Sie Ihren zukünftigen Chef in einem Vorstellungsgespräch überzeugen oder das Herz Ihres Wunschpartners erobern möchten. Doch was können Sie für einen solchen Eindruck tun? Haben Sie überhaupt die Möglichkeit, Einfluss darauf zu nehmen, welche Meinung sich andere über Sie bilden? Hierzu eine schlechte und eine gute Nachricht: Tatsächlich ist es so, dass Sie den Eindruck, den Sie bei anderen hinterlassen, nicht zu 100 Prozent bestimmen können. Doch wenn Sie bei Ihrem ersten Auftritt ein paar entscheidende Regeln beherzigen, können Sie Ihre Chancen, sympathisch zu wirken, deutlich erhöhen.

Lächeln Sie, aber bitte richtig!

»Das Lächeln, das du aussendest, kehrt zu dir zurück.« Ein indisches Sprichwort, das sich immer wieder bewahrheitet. Schenken wir einem Menschen ein freundliches – und vor allem authentisches – Lächeln, bekommen wir meistens unweigerlich eines zurück.

Doch was macht ein solches gewinnendes Lächeln eigentlich aus? Dazu gibt es eine ganz einfache Faustregel: Zuerst mit den Augen lachen und dann erst mit dem Mund. Begleitet wird so ein Lächeln von kleinen Fältchen um die Augen herum – den sogenannten Krähenfüßen – und dem Senken der Augenbrauen [_a]. Wichtig ist vor allem, dass Sie dabei ganz natürlich bleiben! Denn nichts ist irreführender als ein unechtes Lächeln. Sie erkennen es daran, dass die Augenpartie nicht »mitlächelt« und auch daran, dass es abrupt abbricht oder stufenweise wieder aus dem Gesicht verschwindet [_b].

Warum ist Lächeln so wichtig?

Zahlreiche Studien haben bewiesen, dass ein Lächeln zur Erweiterung der winzigen Äderchen im Endothelium – der Innenauskleidung der Blutgefäße – führt und dadurch die Durchblutung erhöht. Sobald wir lächeln, gelangt mehr Blut und somit auch mehr Sauerstoff in unser Gehirn. Das regt die Produktion der Endorphine Serotonin und Dopamin an – der sogenannten Glückshormone. Ein Lächeln führt somit zur Verbesserung unserer Stimmung.

_a Bei einem echten Lächeln lächeln die Augen immer mit.

_b Ein unechtes Lächeln erkennen Sie daran, dass sich nur der Mund bewegt.

Grund dafür ist die Konditionierung der menschlichen Psyche: Sobald wir lächeln oder – noch besser – von ganzem Herzen lachen, erhält unser Gehirn das Signal, dass es uns gut geht und wir glücklich sind [_c]. Daraufhin wird automatisch die Endorphinproduktion angekurbelt, was wiederum unsere Laune hebt.

Lächelt unser Gegenüber nun reflexartig zurück, verbessert sich auch seine Stimmung. Damit ist eine gute erste Beziehungsebene hergestellt – und das allein aufgrund eines netten Lächelns!

Was aber können Sie tun, wenn jemand ein emotionsloses Gesicht zeigt und partout nicht zurücklächeln will [_d]? Bei solch hartnäckigen Fällen hilft ein simpler Trick: Neigen Sie leicht den Kopf und ziehen Sie Ihre Mundwinkel nach oben. So zeigen Sie Ihre verwundbarste Stelle – den Hals – und wirken dadurch ungefährlich und vertrauenerweckend auf Ihr Gegenüber. Gerade Frauen verwenden dieses Signal oft ganz automatisch, um ihren Gesprächspartner von der eigenen Meinung zu überzeugen. In manchen Situationen mag das angebracht sein und auch den gewünschten Erfolg erzielen, doch im Geschäftsleben sollten Sie damit lieber zurückhaltend umgehen. Denn wenn Sie dieses Verhalten zu häufig zeigen, kann es passieren, dass Sie als lieblich oder harmlos eingestuft werden.

_c Beim richtigen Lachen zeigen sich viele kleine Fältchen um die Augen.

_d Ein emotionsloses Gesicht lässt dagegen keinerlei Ausdruck oder Spannung erkennen.

Und ein solches Image kann im harten Business-Alltag durchaus von Nachteil sein. Ein weiterer Beweis für die positive Wirkung des Lächelns: Sogenannte Dauergrinser – Menschen, die die Augenbrauen nach oben ziehen – wirken fröhlich und interessiert, sie lachen mehr, sind meist kreativer und experimentierfreudiger als andere [_a]. Ihre Ausstrahlung verhilft ihnen zu einer hohen sozialen Akzeptanz, sie knüpfen leicht Kontakte und klettern dadurch auch die Karriereleiter schnell empor. Ganz anders dagegen bei den Augenbrauenrunzlern: Sie kneifen den Mund und die Augenbrauen zusammen und zeigen stets einen fokussierenden, kritischen Blick [_b]. Diese Menschen gelten als wenig einfallsreich, ihre soziale Akzeptanz ist eher schwach ausgeprägt, und sie müssen deshalb für ihren beruflichen Erfolg meist hart arbeiten.

Also, versuchen Sie doch mal öfter zu lächeln, denn es lohnt sich! Wenn Sie nicht gerade zu den ewigen Optimisten gehören, hilft Ihnen dabei der Kasten auf der nächsten Seite mit ein paar effektiven Tricks. Und glücklicherweise hängt Ihre Wirkung nicht nur von Ihrem Lächeln ab, sondern auch von anderen Signalen – Ihren Gesten, Ihrer Körperhaltung und Ihrem Gesichtsausdruck, aber auch Ihrem Outfit. Achten Sie deshalb immer darauf, dem jeweiligen

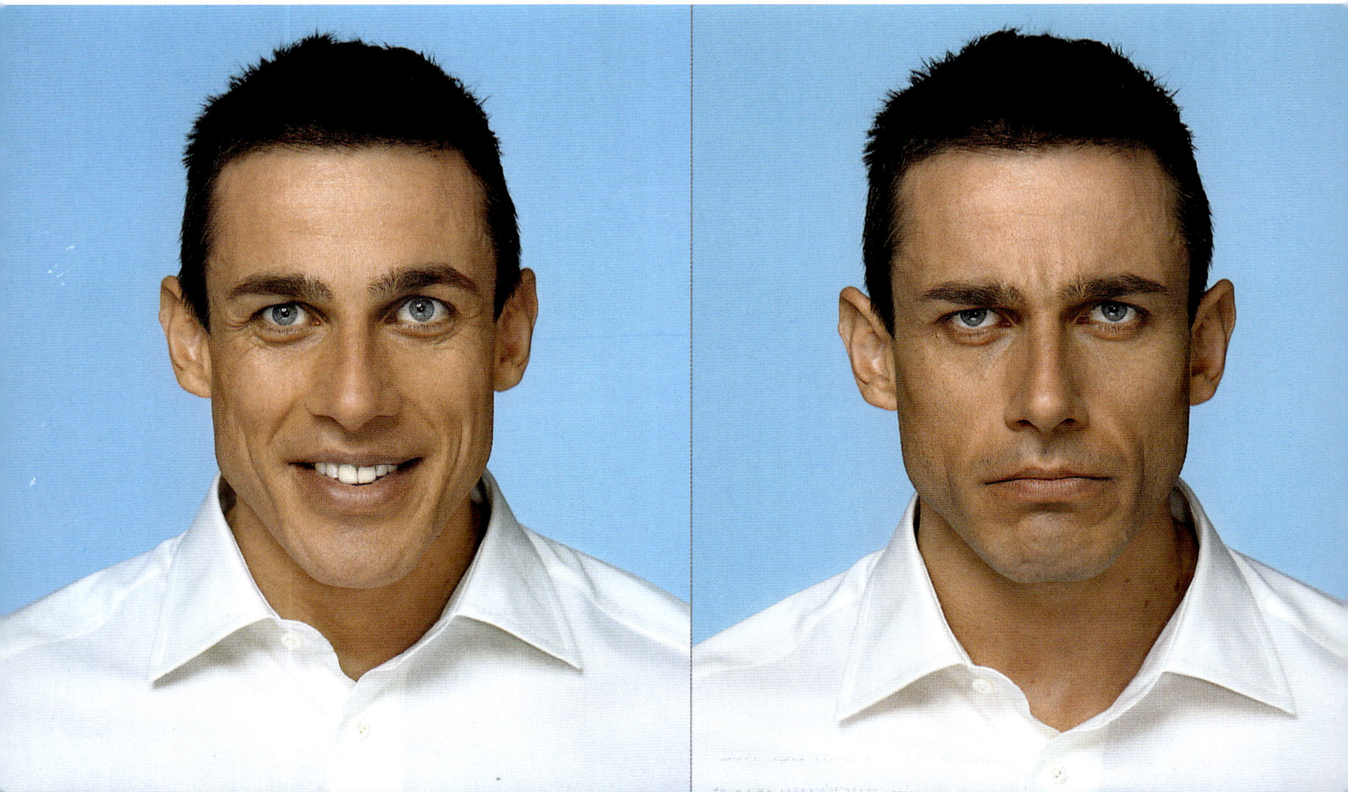

_a Dauergrinser sind meist glücklicher und auch erfolgreicher.

_b Augenbrauenrunzler gelten oft als notorisch kritisch und machen es sich unnötig schwer.

tipp

_Bleiben Sie locker!

Sollten Sie sich wieder einmal dabei ertappen, dass Sie Ihre Augenbrauen zusammenkneifen oder Ihre Mundpartie angespannt ist, dann lockern Sie ganz bewusst Ihre Gesichtsmuskeln! Zum Beispiel mit dem folgenden Drei-Schritte-Programm, das Sie ohne viel Aufwand ganz nebenbei immer mal wieder in Ihren Alltag einbauen können:

1. Legen Sie Ihre Stirn absichtlich in Falten und lösen Sie nach ein paar Sekunden die Spannung wieder.
2. Kneifen Sie Ihre Augen fest zu und machen Sie sie ein paar Sekunden später wieder auf, indem Sie sie so weit wie möglich öffnen.
3. Rümpfen Sie für einige Sekunden die Nase und machen anschließend einen Schmollmund – dann lassen Sie beide Gesichtspartien wieder ganz locker. Wiederholen Sie alle Übungen mehrmals und lachen Sie dabei ruhig auch über Ihre eigenen Grimassen. Denn Sie wissen ja jetzt: Lachen macht glücklich!

Anlass entsprechend gekleidet zu sein. Wählen Sie außerdem ein Outfit, in dem Sie sich rundum wohlfühlen und das Ihre Persönlichkeit unterstreicht, denn nur so wirken Sie auf Ihr Gegenüber glaubhaft und auch sympathisch!

Was die Begrüßung verrät

Die Begrüßung ist meist der erste körperliche Kontakt zu einer bis dahin fremden Person. Ganz gleich, ob wir ein Bewerbungsgespräch führen oder eine neue Eroberung zum ersten Date treffen, der erste Eindruck entscheidet über den weiteren Verlauf der Beziehung.

Schau mir in die Augen, Kleines!

Bevor wir jemandem die Hand zur Begrüßung reichen, sehen wir ihm in der Regel in die Augen. Die Art des Blickkontakts ist sehr aussagekräftig: Menschen, die den Blickkontakt meiden, gelten als schüchtern und unsicher. Oder sie vermitteln den Eindruck, sie hätten etwas zu verbergen. Wer stattdessen einen ruhigen und offenen Blickkontakt zu seinem Gegenüber herstellt, weckt dessen Vertrauen. Ein Blick von etwa drei Sekunden wird in jedem Falle wahrgenommen. Ein Blick über vier Sekunden wird als deutliches Signal für Interesse gewertet. Ein längerer Blickkontakt kann jedoch als Bedrohung empfunden werden, weil sich unser Gegenüber davon regelrecht durchbohrt fühlt.

Klassische Handstellungen

Doch nicht nur der Blickkontakt gibt uns einen ersten Hinweis auf die emotionale Haltung unseres Gegenübers. Auch durch den Handschlag verrät jeder Mensch unbewusst eine Menge über sich. Zum Beispiel, ob er dominant und energisch ist oder doch eher ein zurückhaltender und schüchterner Typ.

Um den Handschlag richtig deuten zu können, sollten Sie die gesamte Handhaltung Ihres Gegenübers berücksichtigen. Denn beim Handschlag spielen verschiedene Faktoren eine wichtige Rolle – so zum Beispiel die Handstellung. Sie ist ein erster und wichtiger Anhaltspunkt, um die Art und Weise eines Handschlags zu interpretieren. Deshalb: Achten Sie bei der nächsten Begrüßung mal darauf, welche der folgenden Handstellungen Ihr Gegenüber einnimmt:

› Zeigt die Handfläche des anderen beim Handschlag nach unten, möchte er die Kontrolle haben und beansprucht den führenden Part in Ihrer Beziehung. Vor allem Menschen in Führungspositionen ergreifen – ganz kniggekonform – nicht nur die Initiative zum Handschlag, sondern nehmen dabei auch häufig die führende Handstellung ein.

› Weist die Handfläche Ihres Gegenübers nach oben, dann ist das ein Signal dafür, dass es Ihnen das Gefühl von Überlegenheit gibt und sich Ihnen unterwirft. Diese Haltung ist jedoch nicht unbedingt negativ zu bewerten, denn sie ist ein Zeichen für Vertrautheit, Wertschätzung und Achtung. Menschen, denen viel am Wohlergehen ihrer Mitmenschen liegt und die schnell ein Gefühl der Vertrautheit aufbauen wollen, verwenden meistens so eine Handstellung. Denken Sie beispielsweise an Psychologen, Seelsorger, Ärzte oder auch an gute Gastgeber.

› Wird Ihnen eine Handfläche in senkrechter Position entgegengestreckt, dann möchte diejenige Person weder über Sie dominieren noch sich selbst unterwerfen, sondern strebt eine gleichgestellte Beziehung zwischen Ihnen an.

Der Händedruck drückt viel aus …

Zunächst erspüren wir beim Händeschütteln nur, wie sich der Händedruck unseres Gegenübers anfühlt: ob er warm, feucht, kalt, fest, locker, lang oder kurz ist. Diese grobe Unterscheidung lässt aber natürlich noch keine Aussagen über den derzeitigen Gefühlszustand oder den Persönlichkeitstyp unseres Gegenübers zu. Denn erst, wenn Sie auch weitere Details wahrnehmen und bewerten, entsteht ein genaueres Bild. Hier geht es neben der Handstellung um die Intensität des Händedrucks sowie um den mehr oder weniger vorhandenen Blickkontakt. Und dabei spielt es übrigens auch eine Rolle, was die andere, freie Hand währenddessen macht …

Der offene Händedruck

Greifen beide Hände tief und fest ineinander, sodass sich die Handflächen der Begrüßenden vollständig berühren, sind beide Gesprächspartner im wahrsten Sinne des Wortes bereit für die »Kontakt-Aufnahme« und zeigen sich offen für ihr Gegenüber [_a].

_a

_b

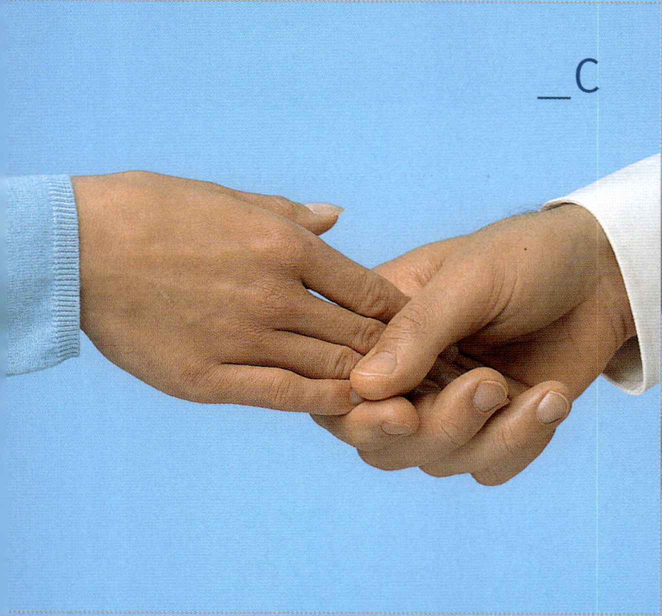
_c

_d

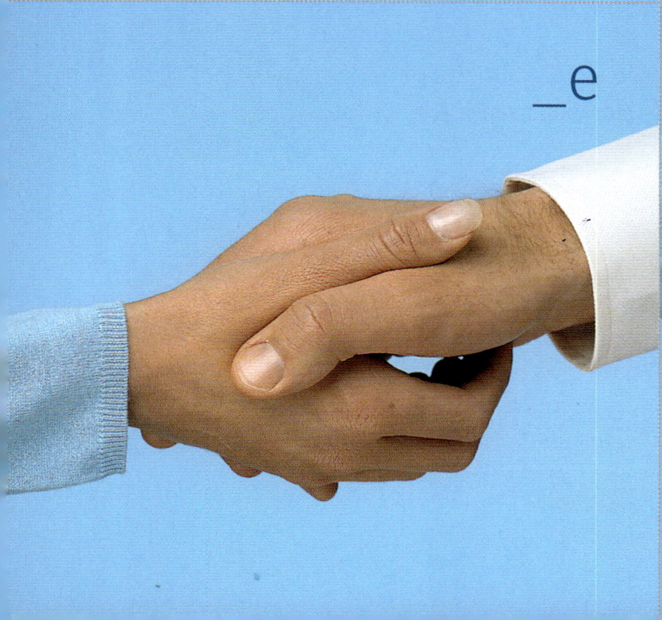
_e

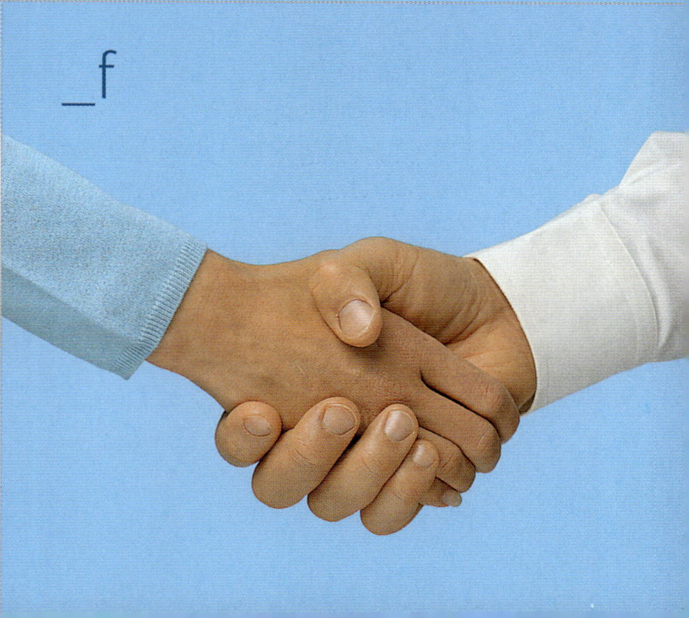
_f

_a offener Händedruck

_b lascher Händedruck

_c zaghafter Händedruck

_d wertschätzender Händedruck

_e hohler Händedruck

_f distanzierter Händedruck

_g besitzergreifender Händedruck

_h führender Händedruck

_i kumpelhafter Händedruck

Der lasche Händedruck

Ein schwacher Händedruck zeugt meist von Unsicherheit und geringem Selbstbewusstsein. Häufig wird ein solcher Händedruck von einem Blick begleitet, der von unten nach oben geht [_b].

Der zaghafte Händedruck

Erwischen Sie nur den vorderen Teil der Finger, und die Hand zieht sich gleich wieder zurück, kann das Folgendes bedeuten: Ihr Gegenüber ist nicht oder noch nicht bereit, sich auf Sie einzulassen. Bei einem selbst erweckt dieser Händedruck oft das Gefühl von Misstrauen oder Unsicherheit, vielleicht haben Sie sogar den Eindruck, dass der andere Ihnen ablehnend gegenübersteht. Vor allem, wenn der Blick des Betreffenden zusätzlich noch von der Seite kommt anstatt offen von vorne [_c].

Der wertschätzende Händedruck

Legt Ihr Gegenüber bei der Begrüßung die freie Hand auf die Oberseite der bereits ergriffenen Hand, signalisiert es mit dieser emotionalen Geste ganz offen Respekt und Zuneigung. Oft neigt der Betreffende dabei noch seinen Kopf leicht zur Seite und zeigt ein freundliches Lächeln [_d].

Der hohle Händedruck

Lässt Ihr Gesprächspartner einen Hohlraum zwischen Ihren Händen entstehen, möchte er nicht alles von sich preisgeben. Dadurch vermittelt er aber einen eher zurückhaltenden oder auch sehr vorsichtigen Eindruck [_e].

Der distanzierte Händedruck

Reicht Ihnen eine Person die ausgestreckte Hand mit durchgestrecktem Ellbogen, so versucht sie, Sie – so weit es geht – von sich fernzuhalten. Möglicherweise neigt sie zusätzlich ihren Oberkörper etwas nach vorne zu Ihnen hin, bleibt dabei aber mit den Füßen auf Abstand. Was bedeutet das? Der Betreffende möchte Sie ganz offensichtlich auf Distanz halten [_f].

Der besitzergreifende Händedruck

Wer während der Begrüßung mit der freien Hand den Unterarm des anderen festhält und zu sich heranzieht, zeigt sich überlegen: Er wirkt auf sein Gegenüber besitzergreifend und bestimmend [_g].

Der führende Händedruck

Kommt die Handfläche des anderen von oben oder drückt sein Daumen Ihr Handgelenk nach unten, möchte Ihr Gesprächspartner damit eindeutig Dominanz signalisieren. Begleitet wird dieser Händedruck meist von einem frontalen und langen Blickkontakt [_h].

Der kumpelhafte Händedruck

Bei diesem Händedruck ist die Distanzzone zwischen den beiden Begrüßenden relativ gering. Berührt einer der beiden den anderen während des Händedrucks zusätzlich noch am Unter- oder Oberarm – mit angewinkeltem Ellbogen –, dann möchte er eine gute Beziehungsebene zu seinem Gegenüber herstellen [_i].

Der richtige Abstand

Niemand möchte zu dominant oder zu harmlos wirken – vor allem nicht beim ersten Treffen. Denn genau zu diesem Zeitpunkt schätzt uns unser Gegenüber zum ersten Mal ein und steckt uns in eine bestimmte Schublade, aus der wir nur schwer wieder herauskommen. Doch wie sieht eine optimale Begrüßung aus, bei der beide von Anfang an auf gleicher Wellenlänge kommunizieren? Wenn Sie folgende Regeln bei der Begrüßung beachten, dann ist Ihnen ein guter erster Eindruck sicher:

1. Dringen Sie nicht in das Territorium Ihres Gegenübers ein. In unserem Kulturkreis bedeutet das: Halten Sie immer eine Armlänge Abstand zu Ihrem Gesprächspartner! Wer nämlich das natürliche Distanzbedürfnis des anderen nicht respektiert, wirkt schnell aufdringlich und erzeugt damit eher Ablehnung als eine gute Kommunikationsbasis [_a].

Anders herum wissen viele Menschen nicht genau, wie sie sich richtig verhalten sollen, wenn jemand ihre Distanzzone missachtet.

So werde ich in meinen Seminaren häufig gefragt: »Manche Menschen kommen mir immer zu nahe. Und obwohl ich zurückweiche und auf Distanz gehe, kommen sie immer nach. Das engt mich ein und erzeugt ein ungutes Gefühl. Wie soll ich mich in so einer Situation am besten verhalten?« Zurückweichen ist hier in jedem Falle die falsche Reaktion, denn es signalisiert Rückzug und gibt dem Gegenüber dadurch noch mehr Macht. Besser, Sie setzen bei der Begrüßung einen Fuß nach vorne und markieren damit Ihre persönliche Distanzzone. Ihr Gegenüber wird daraufhin ganz automatisch Ihre Intimzone respektieren und einhalten.

2. Indem Sie Ihre Augen öffnen, dabei die Augenbrauen hochziehen und Ihr Gegenüber anlächeln, schaffen Sie sofort eine angenehme Atmosphäre. Sie signalisieren damit außerdem Ihrem Gesprächspartner, dass Sie der Begegnung positiv und offen gegenüberstehen.

3. Um auf Nummer sicher zu gehen, lassen Sie Ihrem Gegenüber beim Handschlag den Vorrang: Warten Sie einen Moment lang ab, wie der andere den Handschlag ausführt, und dann drücken Sie unmittelbar in der gleichen Stärke zu. Sollte Ihnen aber jemand mit einem laschen Händedruck begegnen, dann geben Sie ihm in einer angemessenen Art und Weise Halt, indem Ihr Händedruck fester ist als der Ihres Gegenübers.

Sie sehen also: So eine eigentlich simple Sache wie die Begrüßung ist gar nicht so einfach. Doch wenn Sie dabei die genannten Tipps beherzigen, dann fällt es Ihnen nicht schwer, sich von Ihrer besten Seite zu präsentieren.

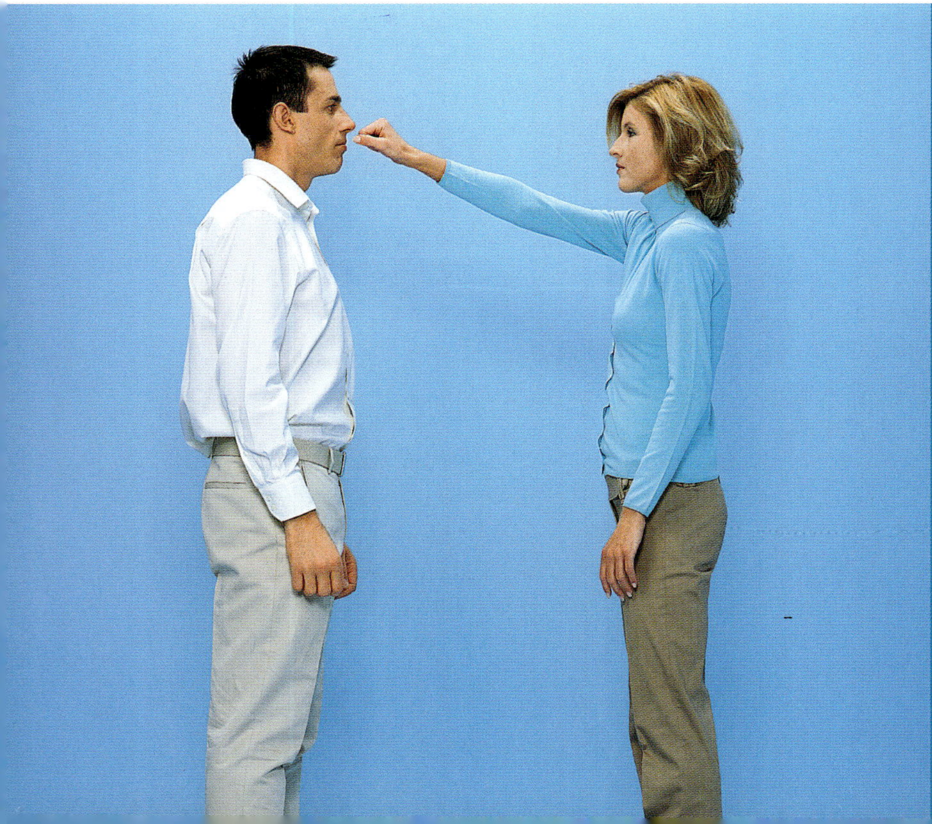

_a Eine Armlänge Abstand entspricht unserer natürlichen Distanzzone.

Das gewisse Etwas

Der erste Eindruck ist entscheidend, der letzte bleibt in Erinnerung. Beide sind ausschlaggebend für Ihren Erfolg – und daher sollten auch beide in Ihrem Sinne verlaufen. Wie Sie Ihren Auftritt positiv beeinflussen und sich bei der Begrüßung optimal präsentieren, wissen Sie bereits. Doch gehört zu einem sympathischen Auftreten nicht noch mehr dazu? Beneiden Sie nicht auch hin und wieder die Menschen um Sie herum, die in allen Situationen strahlend wirken? Und fragen Sie sich manchmal, warum das so ist?

Gern spricht man dann vom gewissen Etwas. Viele Stars haben es – und bestimmt fällt auch Ihnen auf Anhieb mindestens eine Person ein, bei der Sie intuitiv denken: »Wow, die oder der hat was!« Kein Wunder, denn wir fühlen förmlich, wenn ein Mensch Charisma hat. Doch um das gewisse Etwas genau zu beschreiben, fehlen uns meist die Worte. Was ist Charisma? Das Wort kommt aus dem Griechischen und bedeutet »Gnadengabe« – eine Gnade der Götter, die bestimmte Menschen mit einer magischen Ausstrahlung versehen haben. Und auch heute noch fühlen wir uns wohl in der Nähe solcher Menschen. Wir sind fasziniert von der Offenheit, die sie ausstrahlen – durch ihre Körpersprache ebenso wie durch ihr Verhalten.

Doch wie erreicht man diese besondere Ausstrahlung? Charisma kann nicht erlernt werden wie eine Schauspielrolle, denn dann laufen wir Gefahr, maskenhaft und wenig authentisch zu wirken. Charisma kommt vielmehr von innen heraus – es muss sich von selbst entwickeln und entfalten. »Wir strahlen das aus, was wir über uns denken.« Mit dieser einfachen Formel kommen wir dem Geheimnis des Charismas schon näher, denn: Was nützt ein hübsches Gesicht, wenn es grimmig in die Welt schaut? Was hilft die beste Figur, wenn die Schultern herunterhängen und Unsicherheit signalisieren?

Menschen mit Charisma sind sich ihrer selbst bewusst und haben eine gehörige Portion an Selbsterfahrung. Das spiegelt sich natürlich auch in ihrem Auftreten wider. Diese Menschen lieben den Umgang mit anderen, sind offen, motiviert, leidenschaftlich und verfügen über ein gutes Einfühlungsvermögen. Ein positives Körpergefühl, genügend Selbstbewusstsein und eine gesunde Portion Selbstverliebtheit sind also das Geheimnis für eine positive Ausstrahlung.

Umfragen zufolge fühlen sich 40 Prozent der Befragten von einer positiven Körpersprache angezogen. Deshalb finden Sie hier einige Tipps und Tricks, wie Sie an Ihrem Auftreten arbeiten können, um schnell und dauerhaft Ihre Ausstrahlung zu verbessern. Probieren Sie es aus!

Zeigen Sie Haltung

Ihre Körperhaltung drückt aus, in welcher Verfassung Sie sich in diesem Moment befinden und wie Sie zu Ihrem Gesprächspartner stehen. Eine natürliche und gute Haltung zeugt von Selbstsicherheit und ist auch für Ihre Wirbelsäule eine Wohltat (siehe Körperhaltungen, Seite 143 ff.). Eine solche Haltung nehmen Sie ein, indem Sie sich »einbetonieren« – das heißt: Sie stehen mit beiden Beinen etwa beckenbreit fest auf dem Boden und heben Ihr Brustbein an. Ihre Fußspitzen zeigen dabei leicht nach außen, Ihre Knie sind nicht durchgedrückt, damit Sie beweglich sind und flexibel agieren können. So zeigen Sie einerseits eine gute Bodenhaftung und signalisieren andererseits aber auch Bereitschaft auf andere zuzugehen [_a].

Verwechseln Sie diese Haltung aber nicht mit der »Rücken-gerade-Brust-raus-und-Bauch-rein-Position«, die eher auf Disziplin, Strenge und Verbissenheit schließen lässt und kaum Flexibilität demonstriert. Und noch dazu ganz schön lächerlich wirken kann – denken Sie nur an jene Männer, die mit eingezogenem Bauch und gestreckter Brust den Strand entlangflanieren.

Ganz anders wiederum wirken dagegen Menschen mit eingesunkenem Brustbein und runden Schultern – sie machen offensichtlich einen geknickten oder lustlosen Eindruck [_b]. Vielen fällt es schwer, auf solche Menschen zuzugehen, da sie eher verschlossen und manchmal sogar ablehnend auf ihr Umfeld wirken. Diese Ausstrahlung ist ganz offensichtlich mehr ein Hindernis als eine gute Basis für eine harmonische Gesprächssituation. Deshalb: Zeigen Sie Haltung!

Prüfen Sie Ihre Kopfhaltung

»Ich bin nicht überheblich.« Wer das behauptet, aber sein Gegenüber im Gespräch mit erhobenem Kopf ansieht, wirkt nicht sehr glaubwürdig. Mit Worten können wir vielleicht flunkern, aber unsere Körpersprache können wir nicht immer kontrollieren – sie verrät meist die Wahrheit. Darum gilt es, auch auf Details wie eine optimale Kopfhaltung zu achten. Eine gerade Kopfhaltung wirkt selbstsicher und neutral. Wird allerdings das Kinn dabei auch nur ein klein wenig nach oben gestreckt, zeugt diese Geste schon von Arroganz [_c]. Ein zurückgeworfener Kopf, der sich zusätzlich leicht nach hinten schiebt, vermittelt Distanz, und ein gesenktes Haupt signalisiert Verlegenheit oder Schuldbewusstsein.

Prüfen Sie deshalb bei Gelegenheit doch mal Ihre eigene Kopfhaltung. Stellen Sie sich vor, Sie balancieren ein Buch auf dem Kopf – so nehmen Sie automatisch eine gute Kopfhaltung ein. Wenn es Ihnen mit der bloßen Vorstellung nicht gelingen sollte, nehmen Sie tatsächlich ein Buch zur Hand und üben Sie damit. Oder machen Sie einen Test vor dem Spiegel: Sagen Sie zu Ihrem Spiegelbild vier Mal den Satz »Ich finde Sie sympathisch« und ändern Sie jedes Mal Ihre Kopfstellung – einmal mit geradem Kopf, dann mit gesenktem Kopf, einmal mit zurückgeworfenem und schließlich mit seitlich geneigtem Kopf. Sie werden feststellen, dass Ihre Worte in Verbindung mit einer veränderten Kopfhaltung jeweils anders wirken. Dabei können Sie ganz leicht herausfinden, welche Kopfstellung Sie souverän auftreten lässt und Ihre Aussage besonders glaubhaft macht.

Armbarrieren? Besser nicht!

Die am häufigsten zu beobachtende Armbarriere sind vor dem Körper verschränkte Arme. Diese Haltung wird meist als

_a Eine aufrechte Haltung mit Körperspannung und erhobenem Kopf zeigt Flexibilität und Selbstbewusstsein.

_b Bei einer eingesunkenen Haltung ohne Spannung entsteht keine positive Ausstrahlung.

_c Eine arrogante Pose zeigt, wer den Kopf zu weit nach oben richtet.

abwehrend empfunden, denn natürlich bieten uns unsere Arme Schutz vor einer möglichen Bedrohung.

In der Regel steckt jedoch etwas anderes hinter dieser Armhaltung: Wir verwenden sie häufig einfach deshalb, weil sie bequem ist und wir uns in einer Situation befinden, in der wir nicht handeln müssen – zum Beispiel, wenn wir über längere Zeit jemandem zuhören. Doch selbst dann wird diese Geste von unserem Gegenüber oft als abweisend eingestuft. Auch wenn das von uns weder beabsichtigt noch tatsächlich der Fall ist.

Doch nicht nur unsere Wirkung kann unter dieser Geste »leiden« – auch unsere Konzentrations- und Aufnahmefähigkeit wird beeinträchtigt. Amerikanische Studien fanden nämlich heraus, dass wir mit verschränkten Armen und Beinen bis zu 38 Prozent weniger Informationen aufnehmen. Wir schenken unserem Gesprächspartner in dieser Körperhaltung offensichtlich nicht unsere volle Aufmerksamkeit – und das wird von ihm auch genauso empfunden. Denken Sie deshalb immer daran: Verschränkte Arme sind zwar bequem, signalisieren aber Abwehr oder Abweisung [_a]. Eine positive Atmosphäre, Interesse und auch eigenes besseres Verständnis erreichen Sie dagegen durch eine offene Körperhaltung [_b].

_a Verschränkte Arme wirken defensiv und ablehnend.

_b Schultern zurück und Brust raus – das Geheimnis einer offenen Körperhaltung.

Komm mir nicht zu nahe!

Jeder von uns lebt in seiner persönlichen »Raumblase« und hält eine bestimmte Distanz zu anderen Menschen. Dabei haben wir aus frontaler Richtung ein größeres Distanzbedürfnis als von der Seite [_a]. Personen, die uns vertraut sind, gewähren wir in der Regel mehr Nähe als anderen. Doch wie schaffen wir es im umgekehrten Fall, zu einem bislang fremden Menschen bereits beim ersten Aufeinandertreffen eine vertraute Beziehung aufzubauen? Ganz einfach: Stellen Sie sich seitlich in einem 45-Grad-Winkel zu Ihrem Gesprächspartner. Diese Distanz wird von den meisten Menschen als angenehm und nicht als bedrohlich oder aufdringlich empfunden [_b]. Ob sich Ihr Gesprächspartner bei dieser Nähe trotzdem unbehaglich fühlt, können Sie ganz leicht an folgenden Signalen erkennen:

- Er wechselt häufig die Beinstellung,
- er klopft mit dem Fuß,
- er stellt die Fußspitze auf,
- er kreuzt die Beine,
- er verschränkt die Arme,
- er hält mit einem Arm den anderen fest,
- er macht abwehrende Armbewegungen,
- er wirft Ihnen einen durchbohrenden Blick zu oder einen, der von unten nach oben geht.

_a Wer sich frontal gegenübersteht, bleibt auf Distanz.

_b Sich seitlich zu jemandem stellen, schafft dagegen Nähe zum anderen.

Diese Verhaltensweisen zeigen Ihnen, dass Sie in die Distanzzone Ihres Gegenübers eingedrungen sind, oder aber, dass sich Ihr Gesprächspartner am liebsten entfernen möchte. Geben Sie ihm mehr Raum und beobachten Sie, ob sich seine Körpersprache daraufhin positiv verändert.

Übrigens: Allein aus dem Abstand zwischen zwei Menschen können Sie in der Regel darauf schließen, wie gut sie sich kennen und wie sie zueinander stehen. Besonders deutlich wird das am Beispiel eines Paares, das sich gerade küsst: Beträgt ihr Abstand im Bereich der Körpermitte weniger als 15 Zentimeter, handelt es sich um eine intime Beziehung. Je weiter der Beckenabstand, desto distanzierter ist ihr Verhältnis. Wenn Sie das nächste Mal auf einer Party sind oder auf den Beginn eines Meetings warten – analysieren Sie doch einmal die Distanz und damit die Beziehung zwischen den Personen – so schärfen Sie Ihre Beobachtungsgabe!

LMAA!

Sie fragen sich bestimmt, was LMAA bedeutet? Ganz einfach: Lächle mehr als andere! Warum? Wer lächelt, tut nicht nur sich selbst etwas Gutes, sondern gewinnt auch andere ganz schnell für sich – vorausgesetzt natürlich, Ihr Lächeln ist authentisch (siehe echtes Lächeln, Seite 11 ff.)!

Ein Blick sagt mehr als tausend Worte

Unsere Augen sind sehr ausdrucksstark, unser Blick verrät mehr über unser Innenleben als wir denken – und auch mehr als uns vielleicht manchmal lieb ist. Blicken Sie einen anderen Menschen einen Moment lang offen an, dann demonstrieren Sie ihm die Bereitschaft zur Kontaktaufnahme und wirken außerdem sympathisch (siehe Dauergrinser, Seite 14).

Wer einen anderen Menschen dagegen im wahrsten Sinne des Wortes keines Blickes würdigt, gilt schnell als arrogant, überheblich oder auch unsicher. Und wenn Sie Ihr Gegenüber wiederum zu lang und intensiv anstarren, empfindet es das als unangenehm. Vermeiden Sie daher besser so einen Blick. Er wird in der Regel – wie auch zusammengekniffene Augenbrauen – als Bedrohung wahrgenommen (siehe Augenbrauenrunzler, Seite 14). Oft schauen so Menschen, die kurzsichtig sind und damit ihr Ziel besser fokussieren und ihren Blick schärfen möchten. Sympathiefördernd ist das allerdings nicht, denn grundsätzlich gilt: Geweitete Pupillen demonstrieren ein wahres Interesse und haben eine positivere Wirkung als kleinere Pupillen. Unsere Pupillen weiten sich, wenn wir etwas sehen, das wir mögen oder anziehend finden. Sie verengen sich dagegen, wenn uns etwas missfällt.

Wer darf wen berühren?

Mit einer Berührung am Unter- oder Oberarm können Sie deutlich Ihre Sympathie für Ihren Gesprächspartner zeigen [_a und _b]. Seien Sie dabei dennoch nicht zu überschwänglich, denn das kommt nicht immer gut an. Außerdem gibt es ein paar Regeln, wer sein Gegenüber anfassen darf – und wo. Frauen haben es hier etwas einfacher, denn sie können sowohl Frauen

_a Wenn Sie Ihren Gesprächspartner am Oberarm berühren, signalisieren Sie ihm damit Vertrauen und Sympathie.

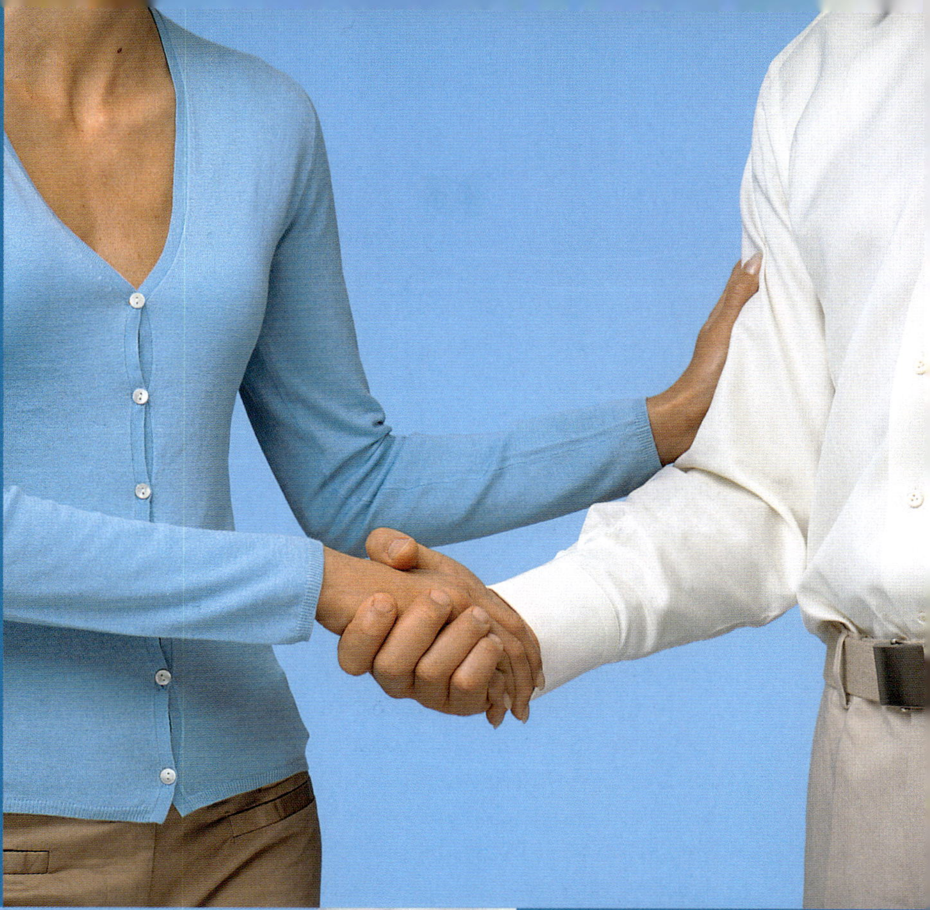

_b Eine Berührung am Unterarm hat die gleiche Wirkung wie am Oberarm: Sie bekundet Sympathie und gibt ein Gefühl von Unterstützung.

als auch Männer bedenkenlos während eines Gespräches berühren. Vorgesetzten gegenüber sollten Sie jedoch grundsätzlich eher zurückhaltend sein – allenfalls eine leichte Berührung am Unterarm ist in diesem Falle angebracht. Denn hier kommt die entscheidende Statusfrage ins Spiel, wonach der Ranghöhere den Untergebenen berühren darf – und zwar sowohl bei Frauen als auch bei Männern.

Unabhängig von der Position fassen Männer Frauen wesentlich häufiger an als sie es bei Vertretern ihres eigenen Geschlechts tun. Möglicherweise ist das deshalb so, weil eine Berührung nicht nur Sympathie bekundet, sondern für manche Menschen auch die Vorstellung von sexuellem Begehren beinhaltet. Grundsätzlich aber gilt hier: Eine Berührung am Oberarm wird als intimer empfunden als eine am Unterarm.

Auch ist deren Intensität entscheidend – sie hängt in der Regel mit kulturellen Unterschieden zusammen. Sehr kontaktreiche Kulturen sind vor allem Araber, Lateinamerikaner, Griechen, Türken, einige amerikanische und einige afrikanische Kulturen. Als kontaktarme Kulturen dagegen gelten Nordeuropäer, US-Amerikaner, Kanadier und Asiaten. Deshalb können beispielsweise Begegnungen zwischen eher zurückhaltenden Engländern und lebhaften Südamerikanern – etwa Puerto Ricanern – problematisch werden. Und das allein, weil bei beiden Kulturen das Bedürfnis, seinen Gesprächspartner zu berühren, unterschiedlich stark ausgeprägt ist.

Eine Studie dazu hat ergeben, dass ein Engländer sein Gegenüber in einem Gespräch über eine Stunde kaum berührt. Im Gegensatz dazu sucht ein Puerto Ricaner in der gleichen Zeit rund 180 Mal Körperkontakt. Der Brite empfindet das Verhalten des Puerto Ricaners möglicherweise als aufdringlich, der Puerto Ricaner schätzt den Briten vermutlich als uninteressiert und gleichgültig ein.

Das wird schon

Und, haben Sie sich bei dem einen oder anderen »Haltungsfehler« – verschränkten Armen oder hängenden Schultern – ertappt? Versuchen Sie einfach, nach und nach die Signale, die Sie aussenden, zu überprüfen und Ihr Auftreten zu verbessern – dann klappt's auch mit dem gewissen Etwas, und Sie sind gewappnet für alle möglichen Situationen.

Lampenfieber? Kein Problem!

Jeder kennt es und jeder fürchtet es: Lampenfieber! Sie sollen der Geschäftsleitung die Ergebnisse des letzten Projektes präsentieren, müssen spontan in privater Runde eine kleine Ansprache improvisieren oder erwarten jeden Moment Ihren neuen Schwarm. In diesen Situationen spielen – ohne dass Sie es wollen – Gefühle und Körper verrückt. Dadurch verändert sich aber auch Ihre Körpersprache. Doch wer oder was ist für diese rapide Gefühlswandlung verantwortlich? Es ist unser Gehirn, der wichtigste Teil unseres Körpers, der jede Emotion steuert, jeden Gesichtsausdruck und jede Handlung. Unser Gehirn funktioniert 24 Stunden pro Tag und erbringt dabei unglaubliche Leistungen. So signalisiert es uns auch Gefahrensituationen, genauer gesagt Situationen, die es als bedrohlich einstuft. Die Schwierigkeit in solchen Situationen besteht darin, dass unser Körper am liebsten flüchten würde, unser Verstand das aber verbietet. Es werden daraufhin automatisch bestimmte vegetative und psychische Reaktionen freigesetzt, die bei jedem Menschen individuell ausfallen. Körperliche Reaktionen wie Lampenfieber, Angst oder sogar Panikattacken sind das Resultat.

Lampenfieber entsteht häufig dann, wenn wir alleine für das Gelingen oder Scheitern einer Sache verantwortlich sind – besonders wenn sie uns am Herzen liegt und uns der positive Ausgang wichtig ist.

Erinnern Sie sich zum Beispiel daran, wie es sich angefühlt hat, als Sie frisch verliebt waren? Dieses intensive Gefühl hat wohl jeder schon einmal erlebt. Und egal, ob mit 16 oder 60 – unsere Nerven spielen verrückt, wir sind kribbelig oder sitzen stocksteif da, überdenken jedes Wort und haben zig Gedanken gleichzeitig im Kopf. Aber das ist nur ein Beispiel – für Lampenfieber kann es unzählige Gründe geben.

Ein Urinstinkt in uns

Doch woher kommt diese unangenehme Nebenwirkung mit Namen Lampenfieber? Es ist ein Urinstinkt, der zurzeit des Höhlenmenschen lebensnotwendig war, da er ihn zur richtigen Zeit zu den richtigen Reaktionen veranlasst und befähigt hat – von der Verteidigung der Höhle vor Angreifern bis zur Jagd auf wilde Tiere.

Heutzutage werden wir zwar eher selten mit wirklich lebensgefährlichen Situationen konfrontiert, dennoch funktioniert dieser Urinstinkt noch immer. In bestimmten Situationen hilft er uns, die Energie freizusetzen, die wir in diesem Augenblick benötigen. Dann übernimmt dieser Instinkt unwillkürlich die Funktion unseres vegetativen Nervensystems und kann den Körper zu einer enormen Leistungssteigerung bewegen, indem er ihn auf Flucht, Kampf oder andere außergewöhnliche Anstrengungen vorbereitet.

Was aber passiert genau in unserem Körper, wenn unser Unterbewusstsein eine bedrohliche Situation wahrnimmt? In der Nebennierenrinde werden die Stresshormone Adrenalin und Noradrenalin produziert. Diese sorgen dafür, dass rasch Energiereserven bereitgestellt werden, um das Überleben zu sichern. Und genau das geschieht auch dann, wenn wir einen Vortrag halten, eine Verhandlung führen oder einen Flirtpartner von uns überzeugen möchten. Registriert das Unterbewusstsein eine »Gefahrensituation«, laufen im Körper automatisch ganz bestimmte Mechanismen ab: Wir atmen schneller und der Blutdruck steigt. Mit dem Effekt, dass das gesamte Blut von den Eingeweiden in die Muskulatur und ins Gehirn gepumpt wird. Dabei kann auch die Verdauung verrücktspielen: Sie arbeitet nicht mehr, oder der Körper versucht, unnötigen Ballast loszuwerden – weshalb manche Menschen in stressigen Situationen häufiger die Toilette aufsuchen als sonst.

Doch Lampenfieber ist nicht gleich Lampenfieber – jeder Mensch reagiert auf einen erhöhten Adrenalinspiegel ganz individuell. Rufen Sie sich ein Ihnen unangenehmes Erlebnis ins Gedächtnis, bei dem Sie große Nervosität verspürten. Versetzen Sie sich genau in diese Situation und überlegen Sie, ob Ihnen die ein oder andere hier beschriebene Reaktion bekannt vorkommt: Kurz vor dem aufregenden Ereignis werden die Hände kalt und feucht, und Angstschweiß macht sich bemerkbar. Dann verliert das Gesicht seine Farbe, der Mund ist trocken, und es folgt ein bleierner, ängstlicher Gesichtsausdruck. Die Stimme klingt abgehetzt, monoton, stockend oder piepsig und zeugt keinesfalls von Souveränität. Der berühmte Kloß im Hals veranlasst Sie zu ständigem Räuspern. Sie haben das Gefühl, dass jegliche Vorbereitungen umsonst waren. Schlimmer noch: Sie haben ein Blackout! Plötzlich fällt Ihnen nichts mehr ein, Sie zappeln mit dem Körper und zeigen das berühmte Fluchtbein, bei dem eine Fußspitze zu einer Raumöffnung gerichtet ist – das nonverbale Signal zur Fluchtbereitschaft. Noch dazu fuchteln Sie mit den Unterarmen, während die Oberarme an den Körper gepresst sind, klammern sich am Rednerpult, am Tisch oder an der Stuhllehne fest. Möglicherweise spielen Sie mit einem Kugelschreiber, einem Blatt Papier oder verkeilen die Hände ineinander. Es folgen steife, hektische und kleine, unkontrollierte Bewegungen. Oder Sie sind in Ihrem Bewegungsablauf vollkommen paralysiert und scheinen zu erstarren. Schulterpartie und Halsbereich verkrampfen sich – Sie ziehen förmlich den Kopf ein, um Ihre verwundbare Stelle – den Hals – zu schützen. Der Nacken und auch der Kopf sind dadurch steif, und die Augen blicken ängstlich nach links und rechts. Das alles sind typische Anzeichen für einen erhöhten Adrenalinspiegel.

Lassen Sie in so einer Situation noch Ihren Blick nervös über das Publikum hinweg schweifen, sorgt das für nur noch mehr Lampenfieber. Der Grund dafür ist einfach: Die meisten Informationen nehmen wir über den visuellen Sinneskanal auf – in stressigen Situationen sind das 1,4 Millionen Informationen pro Sekunde. Der schweifende Publikums-Blick ist deshalb alles andere als ratsam, weil uns die vielen unterschiedlichen Informationen, die in diesem Moment auf uns einströmen, nur noch nervöser machen.

Auch wenn Ihnen diese Situation wie die Szene aus einem Horrorfilm erscheint – tatsächlich ist es halb so wild: Unser Gegenüber nimmt nur ein Achtel von diesen körperlichen Reaktionen wahr. »Wenn Sie innerlich ein bisschen nervös sind, so sieht das kein Mensch. Wenn Sie innerlich total außer Kontrolle geraten sind, dann wirken Sie nur ein wenig bekümmert … Ihre Nerven mögen Ihnen tausend Elektroschocks verpassen, der Zuschauer sieht tatsächlich nur ein paar Zuckungen«, so der berühmte US-Talkmaster Dick Cavett, der vor jedem Auftritt mit seiner Aufregung zu kämpfen hat.

Gleichzeitig ist es auch so, dass viele Menschen nur bei hoher Anspannung die besten Leistungen erzielen. Denn unser Körper reagiert auf solche Stresssituationen, indem er zusätzliche Energie mobilisiert. Somit muss Lampenfieber nicht unbedingt ein Problem sein, sondern Sie sollten es vielmehr als eine Herausforderung sehen, die Sie meistern können.

Adrenalin beflügelt

Auch wenn Sie in bestimmten Situationen das Gefühl haben, dass Sie vor Anspannung gleich in die Luft gehen oder dass Sie einer Situation nicht gewachsen sind und alles im Desaster enden wird – machen Sie sich nichts daraus. Warum? Nervosität beflügelt uns, setzt Adrenalin frei und bringt unseren Körper auf Trab. Die vielfältigen, individuellen Symptome der Nervosität sind unangenehm, zehrend und verwirrend. Aber gerade dank dieser Anspannung sind wir in diesem Moment in der Lage, außerordentliche Leistungen zu vollbringen.

Fehlt nämlich jegliche Nervosität und herrscht keine körperliche Spannung vor, dann ist uns eine Sache egal, und wir wirken nicht motiviert, lustlos oder sogar deprimiert. Wenn Sie sich also einmal die Vorteile von Nervosität vergegenwärtigen, können Sie Lampenfieber und dessen unangenehme Symptome in Zukunft vielleicht mit anderen Augen betrachten und lernen, damit zu leben.

Wagen Sie Veränderungen!

Lampenfieber ist vergleichbar mit Angst. Und Angst entsteht in Situationen, die von Unsicherheit geprägt sind – in Situationen also, die uns nicht bekannt sind und außerhalb dessen liegen, woran wir in unserem alltäglichen Leben gewöhnt sind. Doch wenn Sie nur ab und zu den Schritt aus dem alltäglichen, routinemäßigen Trott wagen, erleben Sie Neues und entwickeln sich weiter. Eine Entwicklung geht aber immer mit einer Veränderung einher – und birgt gleichzeitig auch häufig ein Risiko. Ein solches Risiko sollten Sie aber trotzdem wieder eingehen – auch wenn sich daraus manchmal ein Misserfolg entwickelt. Fehler sind da, um daraus zu lernen, und Fehler sind alles andere als dumm. Um Dummheit handelt es sich nur dann, wenn jemand in vollem Bewusstsein einen Fehler begeht, zum Beispiel weil er nicht zugeben will, dass er etwas nicht kann. Denken wir nur an Thomas Edison, der nach vielen Misserfolgen schließlich die Glühbirne erfunden hat. Sein Erfolgsgeheimnis: Er betrachtete jeden Fehler als Entwicklung. Oder Abraham Lincoln, der nach mehreren Geschäftspleiten, dem Verlust seiner Lebenspartnerin und ungezählten Niederlagen im Wahlkampf doch noch zum Präsidenten der Vereinigten Staaten gewählt wurde. Ihr Motto sollte daher lauten: »Geht nicht, gibt's nicht!« Denn hinter jedem »geht nicht« verbirgt sich ein »kann nicht« und hinter dem »kann nicht« meist ein »will nicht«. Und hinter diesem »will nicht« steht häufig das »weiß nicht« – das Unbekannte, das Risiko, das Wagnis. Ermutigen Sie sich deshalb immer wieder dazu, etwas Neues auszuprobieren, denn das bedeutet in jedem Falle Fortschritt – auch wenn dabei vielleicht auch mal ein Unterfangen nicht auf Anhieb gelingt oder Sie sich eine Niederlage eingestehen müssen. Auch diese Erfahrungen bringen Sie weiter!

Also: Welche Situationen und Ereignisse sind es, die bei Ihnen Aufregung und ein mulmiges Gefühl hervorrufen? Nutzen Sie diese ab sofort im positiven Sinne!

Körper und Psyche – eine zentrale Einheit

Wenn Menschen denken und fühlen, tun sie das nicht als körperlose Wesen. Die äußere Haltung beeinflusst unsere Stimmung, Emotionen und Gedanken. Gleichzeitig wird das Empfinden eines Menschen von seiner Körpersprache mehr oder weniger direkt widergespiegelt. Wir erkennen beispielsweise den Stolz eines Menschen an seiner Körperhaltung: Er hält seinen Körper und seinen Kopf aufrecht, macht sich groß und bläht sich geradezu auf. Eine Person mit mangelndem Selbstbewusstsein dagegen geht klein und gebeugt durchs Leben.

Kein Wunder also, dass zahlreiche wissenschaftliche Studien bestätigen: Gedanken und Körpersprache bilden eine Einheit und lassen sich nicht trennen. So wurde in einer experimentellen Untersuchung bewiesen, dass eine gekrümmte Körperhaltung Depressionen und Mutlosigkeit fördert. Und zum Beispiel festgestellt, dass das Kopfnicken in unserem Kulturkreis zustimmende Gedanken und ein Kopfschütteln ablehnende Gedanken erzeugt.

Jede Körperhaltung hat also Einfluss auf unsere Gedanken, und jeder Gedanke spiegelt sich wiederum in unserer Körpersprache wider. Jede emotionale Erfahrung prägt sich tief in unsere Zellen ein. Dabei müssen wir nicht jede Handlung tatsächlich vollziehen, um ihre Folgen zu spüren. Schon die alleinige Vorstellung führt oft zu den entsprechenden Reaktionen. Stellen Sie sich zum Beispiel vor, wie Sie den Saft einer frisch gepressten Limonenhälfte trinken. Spüren Sie, wie Ihnen – beim Gedanken an den extrem sauren Geschmack – das Wasser im Mund zusammenläuft?

Doch wie funktioniert der Zusammenhang zwischen Gedanken und Körper genau? Unsere Wahrnehmung beruht auf den drei Säulen Gefühl, Verstand und Intuition. Das Gefühl ist unsere Seele, der Verstand unser Denken und das intuitive Handeln unser Körper. Diese Komponenten sind im ständigen Wechselspiel: Sie können nicht fühlen ohne zu denken und auch nicht denken ohne zu fühlen. Sie können auch nicht fühlen und denken, ohne eine entsprechende körperliche Reaktion zu zeigen. Alles was uns im wahrsten Sinne des Wortes bewegt, wird unmittelbar mit bereits gespeicherten Erfahrungen verglichen – rational mit dem bereits Gelernten, emotional mit den uns bekannten Gefühlen oder intuitiv mit dem globalen Wissen, das über den Verstand hinausgeht.

Ein Gedanke erzeugt also einen körpersprachlichen Ausdruck, und eine bestimmte Körperhaltung kann im umgekehrten Sinne ein Gefühl oder einen Gedanken auslösen oder auch blockieren. Es ist ein Regelkreis, der immer geschlossen bleibt. Folgende Beispiele machen dieses Zusammenspiel deutlich: Stellen Sie sich vor, Sie erhalten eine schlechte Nachricht. Sie setzen sich niedergeschlagen und völlig kraftlos hin. Ihr Brustkorb ist eingefallen, die Schultern hängen nach vorne. Sie neigen Ihren Kopf zu Boden, Ihre Mimik ist vollkommen leblos. Spüren Sie schon die imaginäre Last in Ihrem Nacken? Versuchen Sie nun einen positiven Gedanken zu fassen – es wird Ihnen nicht gelingen. Denn Körpersprache kann auch bestimmte Gefühle verhindern. Denken Sie an Ihre Lieblingsspeise, rollen Sie mit hochgezogenen Augenbrauen Ihre Augen, schlecken Sie mit Ihrer Zunge über Ihren Mund – so als wollten Sie genussvoll »mmh« sagen – und versuchen Sie nun, an etwas Negatives zu denken. Auch das wird Ihnen sicher schwerfallen.

Deshalb: Wenn also unsere Gedanken einen starken Einfluss auf unsere Körpersprache und damit auf unser Erscheinungsbild haben, sollten wir diesen Effekt nutzen. Das heißt, wir sollten ab sofort nicht nur Körperhygiene betreiben, sondern uns auch ein wenig der Mentalhygiene widmen. Orientieren Sie sich dabei an der Taktik von Spitzensportlern, die sich mental intensiv vorbereiten und das Ziel vor ihrem geistigen Auge schon erreichen, bevor sie überhaupt gestartet sind. Das funktioniert auch im alltäglichen Leben: Mit ein wenig Mentalhygiene fühlen wir uns besser, strahlen automatisch mehr Kompetenz aus und bewältigen etwaige Nervosität effektiver. Um das zu erreichen, wären zum Beispiel autogenes Training oder abendliche Meditations-Übungen ideal – aber auch schon kleine Mentaleinheiten können eine große Wirkung zeigen. Und auch wenn es sich zuerst vielleicht ein bisschen so anfühlt, als ob man sich selbst etwas vorspielt, wenn man bewusst eine glückliche oder selbstbewusste Körpersprache einübt – unsere Psyche stellt sich nach einiger Zeit auf den Körper ein und versetzt uns in eine positive Stimmung. Probieren Sie es aus!

tipp

_Gute Laune im Nu!

Klemmen Sie bei Gelegenheit einmal einen Stift zwischen die Zähne und halten ihn, ohne dass Ihre Lippen ihn berühren. Was passiert? Genau! Ihre Mundwinkel zeigen nach oben, als ob Sie lachen. Und automatisch wird sich aufgrund dieser Bewegung im Nu Ihre Laune verbessern!

So sind Sie auch in stressigen Situationen souverän

Kann Lampenfieber beeinflusst werden? Die Antwort ist: »Ja, es ist möglich!« Trotz Ihrer Nervosität können Sie auf Ihr Umfeld souverän wirken. Dabei ist eine gute Vorbereitung der halbe Erfolg. Bereiten Sie sich intensiv auf eine bevorstehende unangenehme Situation vor, indem Sie sich ganz klar ausmalen, was passieren kann und wie Sie idealerweise damit umgehen möchten. Das ist das beste Mittel gegen übermäßige Nervosität. Eine optimale fachliche Vorbereitung bietet Ihnen eine große Sicherheitsplattform. Sie haben dadurch die Gewissheit, dass Sie auch in unvorhergesehenen Situationen flexibel agieren können. Das erzeugt eine innere Sicherheit, die Sie nach außen ausstrahlen, auch wenn Sie sich innerlich möglicherweise ganz anders fühlen. Stehen Sie dagegen nur auf einer kleinen Sicherheitsplattform, strahlen Sie automatisch weniger Kompetenz aus, auch wenn das vielleicht gar nicht der Fall ist. Proben Sie Ihren Auftritt am besten schon im Vorfeld. Denn:

Etwas zu kennen und etwas zu können sind immer zwei Paar Schuhe. Es macht einen großen Unterschied, ob Ihre Vorbereitungen nur theoretischer oder auch praktischer Natur sind. Erst durch bewusstes Üben erkennen Sie, ob Sie in der Lage sind, Ihre Gedanken in die Tat umzusetzen und Ihre Kompetenz Ihrem Umfeld zu vermitteln. Ihren Umgang mit Nervosität können Sie ganz einfach verbessern, indem Sie folgende Tipps ausprobieren und je nach Bedarf gezielt einsetzen.

Wie wäre es mit positiver Imagination?

»Das Herz hüpft mir vor Freude«, »Er trägt eine schwere Last auf den Schultern«, »Mir läuft die Galle über«, »Es liegt mir schwer im Magen« oder »Man hat ihm das Kreuz gebrochen« … Das sind Redewendungen, die jeder von uns kennt und die wir tagtäglich benutzen, ohne viel darüber nachzudenken. Doch all diese Redensarten haben ihren Grund und sind durchaus wörtlich zu verstehen. Denn: Jeder Gedanke überträgt sich auf unseren Körper, jede gedankliche Vorstellung zeigt sich demnach in unserer Körpersprache – im Fachjargon Ideoplasie genannt.

Überprüfen Sie doch selbst einmal Ihre Gedankengänge – gehören Sie zu den Negativ- oder den Positiv-Denkern? Sie wissen es nicht? Dann fragen Sie doch einfach Ihr Umfeld, denn Ihre Mitmenschen können Ihnen sicher auf Anhieb sagen, wie Sie auf sie wirken: Sind Sie tendenziell ein fröhlicher Mensch, der den Dingen optimistisch entgegenblickt? Oder werfen schnell die Flinte ins Korn?

Doch wofür ist diese Unterscheidung wichtig? Ganz einfach: Bestimmte Gedanken rufen bestimmte Körperempfindungen hervor. Wer von Nervosität redet, wird Nervosität empfinden. Auch ein verneinender Gedanke führt zu unangenehmen körperlichen Reaktionen. Beispielsweise der Vorsatz »Ich werde nicht gestresst sein« löst einen Anstieg des Adrenalinspiegels aus statt beruhigend zu wirken. Der Grund: Negationen nimmt unser Gehirn nicht wahr.

Formulieren Sie stattdessen positiv und stellen Sie sich die kommenden Ereignisse und erwünschten Ergebnisse erfolgreich vor. Wollen Sie eine Rede mit Ruhe und Gelassenheit halten? Dann schalten Sie ihr Kopfkino ein und führen Sie sich genau diese Situation bis ins kleinste Detail vor Augen. Je präziser die Vorstellung ist, desto effektiver die positive Imagination. Auch ich nutze diese Technik vor jedem Vortrag: Zehn Minuten vor Beginn ziehe ich mich zurück und stelle mir exakt vor, wie ich in wenigen Minuten gelassen und mit angemessenen Schritten auf die Bühne gehe. Mein Brustbein ist angehoben, um einen überzeugenden Eindruck zu hinterlassen. Mit ausreichender Körperspannung stehe ich in der Mitte der Bühne, schenke dem Publikum ein Lächeln und hebe dabei die Augenbrauen leicht an. Einen Moment lang blicke ich in die Runde, und wenn die Leute mir ihre ganze Aufmerksamkeit schenken, dann starte ich meinen Vortrag mit einer tiefen Stimme. Ich suggeriere mir schon im Vorfeld, dass ich langsam und zusammenhängend spreche, den roten Faden immer beibehalte, und die Zuhörer begeistern kann.

Dieser einfache, aber effektive Trick ist mein persönliches Ritual, damit ich mit einem guten Gefühl meinen Job erfüllen kann. Probieren Sie es doch selbst einmal aus! Und entdecken Sie dabei, was Sie fühlen, wenn Sie sich Ihre gewünschte Gemütsverfassung vorstellen: Vielleicht ändert sich Ihr Atem oder Ihr Temperaturempfinden. Oder möglicherweise nehmen Sie eine angenehme Leichtigkeit wahr. Sollte Ihnen diese Vorstellung partout nicht gelingen, dann rufen Sie sich eine emotional positive Situation ins Gedächtnis, in der Sie sich besonders gut gefühlt haben. Je besser Sie sich daran erinnern und je intensiver Sie dabei alle Sinne einsetzen, desto stärker werden die Veränderungen bei Ihrer Körpersprache spür- und sichtbar werden. Wenn Ihnen das einmal gelungen ist, können Sie sich diese Erinnerung in Zukunft jederzeit ganz bewusst ins Gedächtnis holen und die entsprechenden Gefühle sowie den damit verbundenen positiven körperlichen Ausdruck hervorrufen.

Noch mehr Wirkung!

Auf einem Fest mit bekannten Leuten ins Gespräch zu kommen, das ist sicher kein Problem. Doch eine Rede zu halten, sich in der Öffentlichkeit zu präsentieren oder mit dem Chef über die ersehnte Gehaltserhöhung zu diskutieren, ist für viele eine Horrorvorstellung. Plötzlich fühlen wir uns in unserer Haut unwohl, fragen uns, wohin mit den Händen – Nervosität und Lampenfieber kommen hoch. Und wie Sie bereits wissen, ist Lampenfieber eine irrationale Angst. Außerdem wirkt Angst nicht nur lähmend, sondern ist auch noch ansteckend. Die körpersprachlichen Nervositätssignale funktionieren wie ein Frühwarnsystem: Wer in der Körperhaltung eines anderen Menschen Nervosität erkennt, stellt sich unbewusst selbst auf Flucht ein. Wie aber können Sie selbstbewusst wirken? Was sind die nonverbalen Geheimnisse eines souveränen Auftritts?

Nur keine Angst!

Natürlich spielt die Körperhaltung eine entscheidende Rolle: Mit einer geraden, aufrechten Haltung wirken Sie auf Ihr Gegenüber ganz automatisch selbstsicher und souverän (siehe gerade Haltung, Seite 21 f.). In Stress-Situationen kommt es aber häufig vor, dass wir die Schultern hochziehen, um unseren verwundbaren Bereich – den Hals – zu schützen [_a]. Diese Haltung vermittelt einen angespannten, ängstlichen und steifen Eindruck. Ertappen Sie sich bei dieser Haltung, dann schütteln Sie den imaginären Ballast von Ihren Schultern und lösen Sie dadurch Ihre innerliche wie äußerliche Anspannung. So erlangen Sie wieder Flexibilität und können offen und selbstbewusst auftreten.

Bitte natürlich!

Haben Sie schon einmal auf Ihre Körperhaltung – vor allem auf Ihre Arme – geachtet, wenn Sie sich in einer Situation befunden haben, die Ihnen nicht vertraut war, und in der Sie sich nicht sicher gefühlt haben? Wo waren Ihre Arme? Sicherlich sehr nah an Ihrem Körper. Der Grund dafür ist einfach: Angepresste Oberarme und Ellenbogen vermitteln uns ein Gefühl der Sicherheit – wir halten uns sozusagen selbst fest und geben uns damit Halt und Stütze. Auf unsere Gesprächspartner wirkt diese Schutzhaltung allerdings nicht gerade souverän [_b]. Viel überzeugender treten Sie stattdessen auf, wenn Sie eine ganz natürliche Haltung einnehmen, bei der die Arme einfach locker am Körper herunterhängen – auch wenn Sie sich gar nicht so (selbst-)sicher fühlen, wie Sie dann aussehen (siehe lockere Armhaltung, Seite 22 f.).

Am Anfang kommen Sie sich aus genau diesem Grund bestimmt etwas komisch vor, aber mit ein wenig Übung fällt es Ihnen immer leichter, und diese Haltung wird für Sie schon bald zur Gewohnheit.

Ein weiterer Vorteil einer »souveränen« Armhaltung: Die locker hängenden Arme stehen Ihnen jederzeit zum Gestikulieren zur Verfügung. Sie können spontan die Hände heben, um Ihre Worte zu unterstreichen oder um etwas zu veranschaulichen. Sie können große Gesten machen, ja förmlich dirigieren. So erzeugen Sie mehr Aufmerksamkeit, wirken locker und souverän. Versuchen Sie dagegen mit angepressten Oberarmen zu gestikulieren, entstehen nur kleine, hektische Bewegungen, die vielmehr nervös als überzeugend wirken. Machen Sie die Probe vor dem Spiegel und testen Sie die verschiedenen Körperhaltungen und Möglichkeiten zum Gestikulieren aus. Das wird Sie überzeugen!

_a Hochgezogene Schultern zeigen eine ängstliche, angespannte Person.

_b Fest an den Körper gepresste Arme signalisieren Unsicherheit.

tipp

_Optimieren Sie Ihre Haltung!

Eine natürliche Körperhaltung ist das A und O für einen souveränen Auftritt. Denn Sie wirken viel selbstsicherer, wenn Sie aufrecht stehen. Es lohnt sich also, Ihre Körperhaltung einmal zu überprüfen und gegebenenfalls daran zu arbeiten! Dabei ist das oberste Gebot für eine optimale Körperhaltung ein »freier« Hals beziehungsweise Kopf. Und das erreichen Sie, indem Sie folgende Tipps beherzigen:

1. Stellen Sie sich zunächst Ihren Kopf leicht und schwebend vor – so wie wenn er nur durch einen Faden mit Ihrer Wirbelsäule verbunden wäre. Machen Sie sich bewusst, wie dieser Faden Ihre Wirbelsäule streckt, sobald Sie Ihren Kopf langsam und leicht hin und her bewegen.
2. Fühlen Sie nun, wie Ihr Kopf zusätzlich angehoben wird, fort vom Hals und Ihrem Körper – genau so, als sei am Ende des Kopfes ein Haken angebracht, der den Kopf ein wenig nach oben zieht. Senken Sie dann das Kinn etwas, dadurch verlängert sich Ihr Nacken, und Ihre Wirbelsäule wird behutsam gestreckt.
3. Betrachten Sie nun Ihre Schulterhaltung: Sind Ihre Schultern gekrümmt, nach vorne gebeugt oder zurückgezogen? Lassen Sie sie bewusst nach unten hängen und ganz in Ruhe ihre natürliche Stellung finden – automatisch werden sich dabei Ihre Brust und Ihr Rücken dehnen. Außerdem wird Ihr Hals aus seiner starren Haltung befreit. Dadurch entspannen Sie sich, wachsen um zwei bis drei Zentimeter und wirken in dieser Haltung ganz automatisch souverän.

Sie haben sicher schon gemerkt: Das sind einfache, aber sehr effektive Tipps. Sie können Sie ohne großen Aufwand anwenden – am besten natürlich nicht erst dann, wenn Sie die Verspannung schon spüren, sondern immer mal wieder zwischendurch. So beugen Sie Verspannungen und Schmerzen vor. Und es schleift sich auf Dauer keine schlechte Körperhaltung ein. Vielmehr gewöhnen Sie sich nach und nach daran, ganz automatisch eine optimale Haltung einzunehmen. So haben Sie – im wahrsten Sinne des Wortes – den Kopf frei für anderes. Und auch Ihr Rücken wird es Ihnen danken!

Vermeiden Sie fahrige Bewegungen

Nervosität und Unbehagen sind vor allem an fahrigen, hektischen, kratzenden und unkontrollierten Handbewegungen zu erkennen. Stellen Sie sich vor, jemand durchquert den Raum: Er geht zwar mit einer aufrechten Haltung und erhobenen Hauptes, legt dabei aber einen Arm vor seinen Körper, spielt an seiner Uhr oder den Manschettenknöpfen herum. Ein klassisches Zeichen von Unsicherheit, werden Sie denken. Und damit haben Sie recht. Und ein ebensolches Zeichen ist es, wenn sich unser Gegenüber am Halsbereich oder an der Hand kratzt. Oder wenn es seinen Daumen und Zeigefinger aneinander reibt [_a].

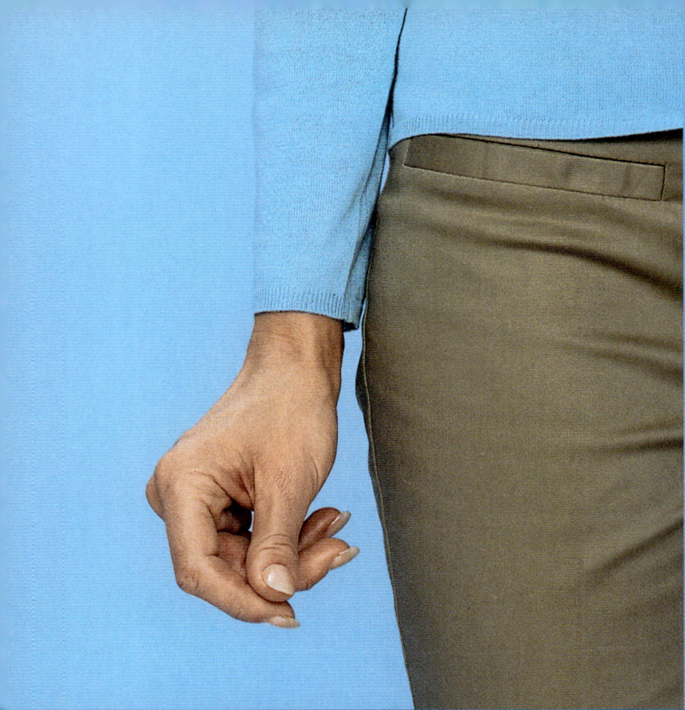

_a Wer seine Finger aneinander reibt, ist sichtlich nervös.

_b Gesten, die von unten nach oben verlaufen, wirken positiv.

Solche Gesten enthüllen Anspannung und Unsicherheit bei der betreffenden Person. Wer nun aber meint, er würde selbstbewusst und souverän auftreten, wenn er es schafft, jegliche Gesten generell zu vermeiden, hat sich getäuscht. Auch damit erzielt er keine positive Wirkung, sondern zeigt sich ebenfalls eingeschüchtert.

Arbeiten Sie deshalb lieber positiv mit Ihren Händen, denn damit strahlen Sie Offenheit aus. Verstecken Sie also Ihre Hände nicht, sondern nutzen Sie sie gezielt, um das Gesagte zu unterstreichen. Wichtig ist allerdings dabei: Bewegen Sie Ihre Hände immer von der Gürtellinie – der sogenannten neutralen Zone – aufwärts, denn das wirkt positiv auf Ihr Gegenüber [_b]. Ganz anders dagegen Handbewegungen, die von oben nach unten verlaufen – sie haben eine gegenteilige Wirkung. Deshalb: Hände weg von diesen Gesten!

Entspannen Sie Ihre Gesichtsmuskeln

Um die Stimmung eines Menschen zu ergründen, sehen wir ihm immer zuerst ins Gesicht. Doch es ist mitunter nicht einfach, den Gesichtsausdruck unseres Gegenübers zu interpretieren – vor allem dann nicht, wenn es unsere erste Begegnung mit einem bislang fremden Menschen ist. Unsere komplexe Gesichtsmuskulatur lässt nämlich eine breite Palette von mimischen Ausdrücken zu – insgesamt 250000 verschiedene weltweit. All diese Gesichtsausdrücke werden wir wohl im Laufe unseres Lebens nicht kennenlernen, doch nach und nach können wir immer mehr Feinheiten interpretieren. Einen ängstlichen Gesichtsausdruck beispielsweise erkennen wir ganz einfach daran, dass die Lippen zurückgezogen und geschlossen sind, häufig benetzt werden, und die Person oft schlucken muss [_a]. Zusätzlich kann das Kinn dabei leicht zurückgeschoben sein. Oder aber es erfolgt ein Lächeln, das schnell wieder aus dem Gesicht verschwindet. Dabei handelt es sich um sogenannte Intentionsbewegungen – das sind Bewegungen, die Fluchtbereitschaft signalisieren. Unbewusst nehmen andere solche Signale wahr und wissen in diesem Augenblick, wie es tatsächlich um uns bestellt ist – nämlich dass wir ängstlich sind. Deshalb sollten Sie immer versuchen, Ihre Gesichtsmuskulatur entspannt und locker zu lassen, denn damit signalisieren Sie Ihrem Gegenüber Freundlichkeit und Offenheit [_b].

Das gelingt Ihnen vielleicht nicht auf Anhieb und nicht in Situationen, die Ihre gesamte Aufmerksamkeit erfordern. Doch mit etwas Übung fällt es Ihnen leichter, einen entspannten Gesichtsausdruck zu bewahren. Und üben können Sie überall: beim Warten in der Einkaufsschlange oder an der roten Ampel. Wenn Sie sich immer mal wieder bewusst entspannen, setzen Sie nach und nach ganz automatisch einen lockeren Gesichtsausdruck auf.

_a Ein ängstlicher Gesichtsausdruck: fest geschlossener Mund und zurückgeschobenes Kinn.

_b Eine entspannte Mimik lässt auf einen entspannten Menschen schließen.

Keine Begrenzungen bauen

Gehören Sie auch zu den Menschen, die sich während eines Gesprächs oder einer Rede gerne irgendwo festklammern? Vielleicht werden Sie das demnächst nicht mehr tun, wenn Sie hören, welche Wirkung das auf Ihr Gegenüber hat. Das Festhalten am Pult, der Stuhllehne oder an einem Zettel führt nämlich dazu, dass wir eine Barriere zu unserem Gesprächspartner aufbauen und uns verschließen [_a].

Viel besser ist es, wenn wir frei stehen und damit offen für unser Gegenüber sind. Sollte Ihnen das schwerfallen, legen Sie doch die Hände locker im Nabelbereich – in der sogenannten Wohlfühlzone – ineinander. Achten Sie aber darauf, dass Sie sich nicht verkrampft an Ihren eigenen Händen festklammern. Bemühen Sie sich, Ihre Hände nur locker ineinander zu legen, denn so können Sie sie auch jederzeit spontan und leicht wieder öffnen und natürlich gestikulieren [_b].

Flüchten Sie nicht

Stehen Sie nicht geerdet, sondern lagert sich der Schwerpunkt des Körpers nach hinten, dann ist das ein eindeutiges Anzeichen für Fluchtbereitschaft. Subtilere Signale dafür sind ein nach hinten gesetztes Bein oder das bereits erwähnte Fluchtbein [_c]. Daran lässt sich die Nervosität einer Person erkennen: Zeigt ihre Fußspitze zu einer Raumöffnung – zur Tür oder zum

_a

_b

Fenster –, deutet das daraufhin, dass sie sich unwohl fühlt und gern die Flucht ergreifen würde. Eingeschüchtert wirken wir außerdem, wenn wir uns schmal machen – die Beine eng aneinandergelegt oder auf einem Bein stehend. Selbstbewusst hingegen treten Sie nur dann auf, wenn Sie sich breitmachen! Hier können Frauen viel von Männern lernen! Männer nehmen deutlich mehr Raum ein: Sie stellen die Beine weiter auseinander, halten die Knie offen und die Füße nach außen gedreht. Frauen hingegen stehen oft mit zusammengepressten Beinen, schließen die Knie und verschlingen oft sogar die Füße ineinander – alles Signale, die Schutzbedürftigkeit und Unsicherheit ausdrücken. Präsentieren Sie daher Ihren Körper ganz natürlich in seiner vollen Größe und Breite, denn damit unterstreichen Sie Ihre souveräne Ausstrahlung!

In diesem Kapitel haben Sie erfahren, wie Sie in den verschiedensten Situationen einen guten Eindruck machen und was Sie gegen das unangenehme Lampenfieber tun können. Nun fehlt Ihnen vermutlich nur noch ein wenig Übung, um das alles in Ihrem Alltag umzusetzen. Dabei kann Ihnen der folgende Lügendetektor helfen: Hier finden Sie im Überblick noch einmal die wichtigsten verräterischen Gesten, die es zu vermeiden gilt. Damit werden Ihnen in Sachen Körpersprache zukünftig sicher keine »Versprecher« mehr passieren!

_a Jemanden, der nervös ist, erkennen Sie daran, dass er seine Hände stets beschäftigen muss.

_b Entspannt ist, wer seine Hände locker in Bauchhöhe ineinander legt.

_c Zeigt eine Fußspitze in Richtung Tür, würde diese Person am liebsten flüchten.

Lügendetektor

_was der Körper spricht: Manchmal zeigt uns jemand ein Lächeln, bei dem nur die Mundwinkel nach oben gezogen werden, aber die Augen nicht mitlachen und auch keine Lachfältchen entstehen.

_was der Körper verrät: Ganz klar: Sie sehen keine wahre Freude, sondern tatsächlich nur ein unechtes Lächeln. Ihr Gesprächspartner möchte sich in Pose setzen oder verstellt sich, denn er lächelt nicht mit Ihnen und freut sich auch nicht für Sie.

Lügendetektor

_was der Körper spricht: Werden sowohl der Mund als auch die Augenbrauen zusammengekniffen, entsteht aus dieser Mimik automatisch ein fokussierender und kritischer Blick.

_was der Körper verrät: Eine solche Mimik deutet auf einen sogenannten Augenbrauenrunzler hin. Diese Menschen sind meist kritische Zeitgenossen und stehen Ihren Worten eher skeptisch gegenüber.

Lügendetektor

_was der Körper spricht: Stellen Sie sich vor, Sie geben jemandem die Hand und haben das Gefühl, einen kalten Fisch in der Hand zu halten, während der andere Sie noch dazu verschämt von unten her anblickt.

_was der Körper verrät: Ihr Gegenüber begrüßt Sie mit so einem laschen Händedruck? Offensichtlich fühlt sich diese Person unsicher in der Situation oder ist allgemein ein Mensch mit geringem Selbstbewusstsein.

Lügendetektor

_was der Körper spricht: Jemand gibt Ihnen bei der Begrüßung die Hand, wobei seine Handfläche nach oben zeigt oder sein Daumen Ihr Handgelenk nach unten drückt? Und schaut Ihnen dabei direkt und noch dazu lange in die Augen?

_was der Körper verrät: Dieser führende Händedruck hat vor allem ein Ziel: Die betreffende Person möchte ganz deutlich ihre Dominanz beziehungsweise ihre übergeordnete Stellung signalisieren.

Lügendetektor

_was der Körper spricht: Kennen Sie auch einen Menschen aus Ihrer näheren Umgebung, der häufig seinen Kopf zwischen seinen hochgezogenen Schultern versteckt und sich dadurch kleiner macht, als er ist?

_was der Körper verrät: Hochgezogene Schultern sind eine klassische ängstliche Geste: Indem der Betreffende sprichwörtlich »den Kopf einzieht«, versucht er, sich möglichst unsichtbar zu machen und bloß nicht aufzufallen.

Lügendetektor

_was der Körper spricht: Sie unterhalten sich angeregt, doch Ihr Gesprächspartner steht mit verschränkten Armen vor Ihnen.

_was der Körper verrät: Diese Haltung ist oft ein Zeichen dafür, dass der andere Ihren Worten eher defensiv und ablehnend gegenübersteht. Allerdings verschränken wir oft die Arme auch nur deshalb, weil wir in diesem Moment nicht agieren müssen und es so am bequemsten ist.

Lügendetektor

_was der Körper spricht: Ihr Gegenüber neigt den Kopf nach hinten, streckt die Nase nach oben und blickt abschätzend um sich?

_was der Körper verrät: Dann sind Sie auf einen arroganten Menschen getroffen. Ob die Arroganz echt ist oder nur aus Unsicherheit vorgeschoben – sympathisch wirkt so eine Pose mit Sicherheit nicht.

_was der Körper spricht: Ist Ihnen schon einmal aufgefallen, dass bei Gesprächspartnern, die sich gegenübersitzen oder -stehen, die Fußspitze eines Beteiligten zur Türöffnung oder einem Fenster zeigt?

_was der Körper verrät: Der Betreffende zeigt das sogenannte Fluchtbein – ein deutliches Warnsignal. Richtet jemand sein Bein oder seinen Fuß schon unbewusst zur nächstmöglichen Raumöffnung, fühlt er sich ganz offensichtlich unbehaglich und möchte am liebsten der Situation entfliehen.

Flirten – aber richtig!

»Der gut aussehende, dunkelhaarige Typ an der Bar guckt schon die ganze Zeit zu uns rüber. Meinst du, ich sollte mal hingehen und ihn ansprechen?« Wer hat so etwas noch nicht erlebt und musste dann der besten Freundin oder der Arbeitskollegin einen Rat geben? Oder hat selbst schon andere um ihre Einschätzung und ihre Unterstützung in einer solchen Situation gebeten? Und wie oft verlief der Kontakt negativ, weil die Körpersprache des potenziellen Flirtpartners falsch interpretiert wurde? Deshalb: In kaum einer anderen Situation ist es so hilfreich, die Körpersprache unseres Gegenübers entschlüsseln zu können wie bei einer ersten Kontaktaufnahme – vor allem bei einem Flirt!

Wir alle kennen die Gefühle, die ein erstes Treffen mit sich bringt: Aufregung, Nervosität und Unsicherheit. Was geht im Kopf des anderen vor? Wie wirken wir auf unser Gegenüber? Wie sollen wir seine intensiven Blicke interpretieren? Unzählige Fragen schwirren uns in diesem Moment durch den Kopf. Und einige dieser Fragen lassen sich leichter beantworten, wenn wir in so einer Situation aufmerksam die Körpersprache des anderen lesen und gleichzeitig natürlich auch auf die Signale achten, die wir selbst aussenden. Mit ein wenig Vorbereitung gelingt es Ihnen in kürzester Zeit, die typischen Flirtsignale zu erlernen und zu erkennen: Zeichen, die Ihnen sagen, Sie haben gute Chancen bei Ihrem Gegenüber, und auch solche, die Ihnen eine peinliche Situation oder eine unangenehme Fortsetzung des Abends ersparen können.

Flirtsignale – die Dosis macht's!

Wie entscheidend die Körpersprache bei der Partnersuche ist, zeigt alleine schon die eigentliche Bedeutung des Wortes »Flirten«. »To flirt« bedeutet wörtlich übersetzt nichts anderes als »sich schnell bewegen, hin- und hertanzen, flattern« – also Körpersprache pur. Und genau das tun wir beim Flirten – wir bewegen uns. Je interessierter eine Frau an einem Mann ist, desto mehr bewegt sie sich, um dadurch die Aufmerksamkeit auf ihren Körper zu ziehen und ihre Attraktivität zu betonen. Bei Männern äußert sich die Flirtbereitschaft anders – sie möchten möglichst stark, souverän und selbstbewusst erscheinen. Die Folge: Männer nehmen beim Flirt eher Positionen ein und überlassen das Flirten im eigentlichen Sinne den Frauen.

Passend zu dieser Rollenverteilung verläuft auch der Ablauf eines Flirts meist nach dem gleichen Muster: Die eigentliche Initiative ergreift in der Regel der männliche Flirtteilnehmer, was ihn natürlich in seinem Gefühl bestärkt, der Souveräne und Bestimmende zu sein. Was ihm dabei allerdings meistens nicht bewusst ist: Zu diesem ersten Schritt hat er sich keineswegs völlig unabhängig und aus freien Stücken entschieden. Vielmehr wurde er von seinem weiblichen Gegenpart dazu ermutigt – dank kleiner, fast unmerklicher Gesten, die jedoch eindeutige Signale ausgesendet haben. Ein intensiver Blickkontakt, zufällige Berührungen oder ein verführerisches Lächeln – alles eindeutige Zeichen, die unmissverständlich zeigen, dass ein Flirt auf gegenseitigem Interesse basiert. Neben diesen offensichtlichen gibt es jedoch noch unzählige weitere Gesten, an denen wir erkennen können, ob uns jemand – wenn auch (noch) unbewusst – als potenziellen Partner sieht.

Er sucht sie

Männer setzen sich beim Flirten mit wenigen, aber deutlichen Gesten in Pose. Dass ein Mann an Ihnen interessiert ist, erkennen Sie beispielsweise an folgenden Signalen:

› Wenn ein Mann in Ihrer Gegenwart sogenannte Putzbewegungen zeigt, wie zum Beispiel das Wegschnipsen oder -wischen von imaginären Fusseln vom Ärmel oder der Schulter, dann ist er ganz offensichtlich darum bemüht, einen guten Eindruck auf Sie zu machen [_a].

› Auch der kontrollierende Griff in die Haare oder zur Krawatte, um sie zurechtzurücken, sind sichere Anzeichen dafür, dass Ihr Flirtpartner gut rüberkommen und beeindrucken möchte [_b].

› Je näher ein Mann seiner Flirtpartnerin kommt, desto häufiger lassen sich in seinen Bewegungen sogenannte Ersatzberührungen erkennen: Das sind Berührungen, die nicht unbedingt erforderlich sind, also aus Nervosität geschehen. Mit diesem Verhalten zeigt er eindeutig, dass er aufgeregt ist, weil er ernsthaft interessiert ist. So eine Ersatzberührung ist zum Beispiel das Reiben der Nasenflügel [_c]. Aber dazu gehört auch, wenn sich jemand im Gesicht kratzt oder mit herumliegenden Utensilien

wie beispielsweise einer Zigarette spielt. Und auch, wenn Männer durch ihren Bart fahren, ist das ein eindeutiges Zeichen für Nervosität und Interesse.

› Die Brust wird rausgestreckt, die Füße stehen beckenbreit auseinander und zusätzlich werden die Daumen hinter den Gürtel oder in die Hosentaschen gesteckt? Diese Cowboy-Haltung soll ganz unmissverständlich Selbstbewusstsein und Männlichkeit demonstrieren, um dem weiblichen Flirtpartner zu imponieren. Wird zusätzlich noch das Kinn nach vorne geschoben, möchte Mann einen souveränen und starken Eindruck auf Sie machen [_d]. Und wenn er dabei auch noch seine Muskeln sichtbar streckt und dehnt, will er Ihnen seine ganze Kraft beweisen und Sie damit auf seine hervorragenden Qualitäten als Beschützer aufmerksam machen.

› Ihr Flirtpartner sitzt Ihnen breitbeinig gegenüber und wendet sich Ihnen mit seinem Körper direkt zu [_e]? Dann ist die Wahrscheinlichkeit relativ groß, dass er sich für Sie interessiert.

Haben Sie bei Ihrem potenziellen Wunschpartner bereits ein erstes Zeichen für sein Interesse bemerkt? Ein langer Blick vielleicht? Oder ein nettes Lächeln? Doch seitdem würdigt er Sie keines Blickes mehr und beschäftigt sich stattdessen lieber mit seinem Handy? Keine Sorge, er hat sein Interesse nicht plötzlich wieder verloren, sondern tüftelt lediglich an Schritt zwei. Also entweder warten Sie ab oder Sie ergreifen selbst die Initiative.

_a Wenn sich Ihr Flirtpartner (heraus)putzt, möchte er gefallen.

_b Wer seine Krawatte zurechtrückt, ist um einen guten Eindruck bemüht.

_c Sogenannte Ersatzberührungen deuten auf Interesse hin.

_d Die Cowboy-Haltung zeigt: Hier bin ich mit all meiner Stärke und Souveränität.

_e Breitbeinige Sitzhaltung? Ganz klar, Ihr Gegenüber ist interessiert.

Sie sucht ihn

Während Männer beim Flirten vor allem auf einen souveränen und selbstbewussten Auftritt bedacht sind, also eher eine statische Körpersprache zeigen, verfügen Frauen über ein deutlich breiteres Werberepertoire mit viel mehr Gesten:

› Ebenso wie Männer eine stramme Haltung einnehmen, mit der sie imponieren wollen, zeigen sich auch Frauen beim Flirten von ihrer besten Seite: Sie halten sich aufrecht, die Schultern gerade und legen den Kopf dabei leicht schräg [_a].

› Ein typischer Flirttrick, um verführerisch auszusehen, ist das sogenannte Flip-Signal, bei dem die Frau ihre Haare schwungvoll nach hinten wirft und den Hals beziehungsweise die Halsschlagader als ihre verwundbarste Stelle entblößt [_b]. Dadurch signalisiert sie Schwäche und weckt den männlichen Beschützerinstinkt bei ihrem Flirtpartner.

› Auch andere weibliche Flirtsignale haben vor allem den Zweck, auf das männliche Gegenüber attraktiv, weiblich und zart zu wirken. Dazu gehört zum Beispiel ein leicht geöffneter Mund mit befeuchteten Lippen oder ein kurzer Griff ans Ohrläppchen [_c], um das zarte Handgelenk zu zeigen, oder auch eine Hand an der Hüfte [_d].

› Ganz wichtig bei der weiblichen Flirttak-

_a Leicht geneigter Kopf – so zeigt sich die typisch weibliche Flirthaltung.

_b Verführung pur: Wirft die Frau die Haare zurück, dann will sie auf sich aufmerksam machen.

tik sind die sogenannten autoerotischen Gesten, also Berührungen des eigenen Körpers. Frauen, die sich beispielsweise über den Hals, die Oberarme oder die Oberschenkel streichen, versuchen unbewusst, den Mann dazu zu verlocken, diese Berührungen selbst ausführen zu wollen [_e].

› Wenn uns etwas interessiert oder wir etwas sehen, das uns gefällt und das wir gerne haben möchten, machen wir oft große Augen – vor Begeisterung und auch, um möglichst viel davon zu sehen. Genauso ist es auch beim Flirten. Hat eine Frau Interesse an ihrem männlichen Gegenüber, blickt sie es mit weit geöffneten Augen an [_f]. Reagiert sie auch noch auf seine witzigen Bemerkungen mit einem lauten, überschwänglichen Lachen, möchte sie ihm gefallen und seine Sympathie gewinnen. Doch auch wenn eine Frau verlegen lächelt und dabei das Gesicht abwendet, signalisiert sie Interesse – die Betreffende ist lediglich etwas unsicher oder schüchtern.

› Natürlich versuchen Frauen auch im Sitzen, möglichst gut auszusehen: Besonders anmutig wirkt es, wenn Sie Ihre Beine leicht schräg stellen und die Knie sich dabei berühren [_g].

› Zeigt eine Frau ein übergeschlagenes Bein, das auf ihren männlichen Flirtpartner gerichtet ist, ist die Aussage klar: »Ich bin interessiert!« [_h].

_c Mit dem Griff ans Ohr unterstreicht sie ihre Weiblichkeit.

_d Die Hände in den Hüften betonen die Taille.

_e Autoerotische Gesten deuten auf Interesse hin.

_f Auch eine offene und freundliche Mimik zeugt von Interesse.

_h Wenn das übergeschlagene Bein auf ihn zeigt, ist sie interessiert.

_g Mit so einer Sitzhaltung möchte die Frau besonders schlank und anmutig erscheinen.

Für Männer und Frauen

Neben den geschlechtsspezifischen Signalen, mit deren Hilfe beide Flirtpartner versuchen, sich besonders weiblich beziehungsweise besonders männlich zu präsentieren, gibt es natürlich noch eine Menge weiterer Zeichen. Die folgenden Signale und Gesten – egal, ob von Frau oder Mann – zeigen eindeutig ein Interesse am Gegenüber:

› Ein Blickkontakt bedeutet immer positive Aufmerksamkeit: Ein Augenblick, der länger als drei Sekunden dauert, weist auf eindeutiges Interesse hin. Deshalb spielt der Blickkontakt beim Flirten eine ganz entscheidende Rolle. Man schaut hin, schaut weg und schaut wieder hin, ob der andere den eigenen Blick bemerkt hat. Dieses Spiel geht so lange, bis sich einer der beiden traut, den ersten Schritt zu machen und seinen Flirt anzusprechen.

› Zeigt Ihr Gesprächspartner am Tisch seine Handinnenflächen [_a]? Dieses zufällige Öffnen der Hände heißt: »Ich bin bereit, deine Hand zu nehmen.« Und auch wenn sich eine Hand oder ein Fuß ein wenig in Richtung des Flirtpartners bewegt, bedeutet das: »Ich bin einem Kontakt gegenüber nicht abgeneigt.«

› Hat Ihr Flirtpartner eine Position eingenommen, bei der er Ihnen seinen kompletten Körper zuwendet? Dann öffnet er sich Ihnen gegenüber und versucht Ihnen zu signalisieren: »Ich bin dir zugewandt.« Das gilt im Übrigen selbst dann, wenn der Betreffende dabei nicht mit Ihnen, sondern mit einer anderen Person spricht.

› Jeder Mensch hat seine ganz persönliche Distanzzone: Diese hält er selbst ein und genau das erwartet er auch von seinen Mitmenschen. In unserem Kulturkreis entspricht diese Distanzzone in der Regel etwa dem Radius einer Armlänge. Wer diese Grenze bewusst überschreitet, indem er beispielsweise im Gespräch den Unterarm seines Flirtpartners berührt, zeigt damit seinen Wunsch, dem anderen näher zu kommen und ihn zu beschützen [_b]. Das kann bei gegenseitigem Interesse eine durchaus positive Wirkung auf Ihr Gegenüber haben – bei manchen Menschen ist so eine Berührung unter Umständen schon zu viel des Guten. Seien Sie deshalb lieber vorsichtig damit und tasten Sie sich langsam heran!

› Ob ein Flirt erfolgreich oder enttäuschend verläuft, entscheiden sowohl die Art der Bewegungen als auch bestimmte körpersprachliche Signale. Je komplexer und individueller das Bewegungsmuster beider Flirtpartner ausfällt, desto erfolgreicher verläuft die Annäherung. Und im besten Fall entwickelt ein Flirtpaar in nur vier Minuten eine eigene Choreographie: Finden zwei Personen Interesse aneinander, beginnen sie nämlich ihre Körpersprache zu synchronisieren und sich in ihren Gesten zu spiegeln. Sicher haben Sie das auch schon erlebt: Ein Paar sitzt sich gegenüber, die Köpfe in die Hände gestützt und schmachtet sich an – in dieser Situation zeigt sich die Synchronie wohl am deutlichsten [_c].

Sie sehen also: Sowohl Männer als auch Frauen verfügen über ein großes Repertoire an Gesten, um einen möglichen Flirtpartner auf sich aufmerksam zu machen und ihr Interesse zu signalisieren. Wer bei der Interpretation solcher Zeichen trotzdem

_a Offene Hände signalisieren Bereitschaft, den anderen zu berühren.

_b Berührungen verringern die Distanzzone zum Flirtpartner und wirken beschützend.

_c Sind Mann und Frau auf einer Wellenlänge, gleichen sie auch ihre Körpersprache an.

unsicher ist und nicht Gefahr laufen möchte, sich zu blamieren, sollte daher unbedingt auf eines achten: Je stärker sich Ihnen jemand zuwendet und Ihre Nähe sucht, indem er sich zum Beispiel dicht neben Sie stellt, sich im Gespräch zu Ihnen oder in Ihre Richtung beugt oder Sie häufig zufällig berührt, desto größer ist das Interesse, Sie kennenzulernen!

Übrigens: Die Gestik von Mann und Frau verrät uns nicht nur, ob unser Gegenüber Interesse an uns hat, sondern noch viel mehr: Anhand der Körpersprache unseres Flirtpartners erkennen wir auch, was für ein Partnerschaftstyp dieser Mensch ist. Denn mithilfe der Körpersprache können Sie unter die Oberfläche blicken:

- Fasst Ihr Flirtpartner sich an die Ellbogen, ist Vorsicht geboten! Er ist auf der Suche nach einer Frau, die ihm stets unter die Arme greift.
- Steckt ein Mann die Hände in die Hosentaschen, möchte er cool wirken. Tatsächlich signalisiert dieses Verhalten aber eher Unsicherheit und ist alles andere als souverän.
- Auf den Rücken gelegte Hände hingegen sind ein gutes Zeichen: Dieser Mann ist selbstbewusst und hat alles im Griff. Hier können Sie zugreifen!
- Und auch wer den Zeigefinger an die Wange und den Mittelfinger ans Kinn legt, ist ein perfekter Kandidat: Er widmet einer Frau seine ganze Aufmerksamkeit und ist zudem in der Lage, auch mal einen Fehler zuzugeben.
- Eine Frau, die insgesamt unruhig wirkt und permanent nervös gestikuliert, ist vermutlich ein eher unentschlossener Typ und daher nicht unbedingt an einer dauerhaften Bindung interessiert.
- Großes Interesse zeigen dagegen Frauen, die mit ihren Haaren spielen, indem sie sich zum Beispiel Locken um den Finger wickeln. Dieses Verhalten lässt außerdem auf einen sehr sinnlichen und gefühlvollen Menschen schließen.

Eindeutige Zeichen: Wird's was oder nicht?

Verschränkte Arme, der Blick schweift zur Seite und die Fußspitze zeigt Richtung Ausgang? Das sind eindeutige Zeichen, dass Sie sich besser einen anderen Flirtpartner suchen sollten, denn in diesem Fall scheint das Interesse eher einseitig zu sein. Neben solch offensichtlichen Signalen gibt es aber auch noch viele kleine Gesten, die ein fehlendes Interesse verraten – und die Ihnen vielleicht so manche vergebene Liebesmüh ersparen können:

- Wenn Ihr Flirt Ihren Blickkontakt einfach nicht erwidert, können Sie ziemlich sicher sein: Es ist keine Sympathie vorhanden, und jeder weitere Flirtversuch wäre wirklich zwecklos.
- Neigt sich unser Gegenüber mit dem Oberkörper nach hinten, geht es auf Abstand und ist uns im wahrsten Sinne des Wortes nicht zu-geneigt [_a]. Auch hier sollten Sie Ihre Energie auf einen geeigneteren Flirtpartner verwenden!

› Wer sein Gegenüber anziehend findet, gibt sich offen. Eine verschlossene Haltung mit verschränkten Armen, übergeschlagenen Beinen und verknoteten Händen demonstriert also mangelndes Interesse am Flirtpartner [_b].

› Eine schlaffe Haltung – besonders bei Männern – deutet nicht gerade auf Begeisterung hin. Derjenige ist kaum oder gar nicht darum bemüht, sich optimal zu präsentieren [_c].

› Frauen dagegen zeigen sich durch ihre extrem statische Körpersprache mit nur wenigen Bewegungen nicht interessiert. An so einem Verhalten können Sie erkennen, dass Ihre Flirtpartnerin keinen Wert darauf legt, attraktiv auf Sie zu wirken [_d].

› Die bekannte Redewendung »jemandem die kalte Schulter zeigen« kommt nicht von ungefähr: Wenn wir uns für jemanden interessieren, begegnen wir ihm frontal. Dadurch nehmen wir ihm gegenüber eine geringe Distanz ein und können einen offenen, direkten Blickkontakt mit dem Betreffenden herstellen.

Möchten wir allerdings jemanden lieber auf Abstand halten, zeigen wir ihm unsere Schulter. So müssen wir nicht permanent den Blick des anderen erwidern, können uns – wenn es die Situation erlaubt – auch anderen Menschen zuwenden und dadurch den Kontakt unter- oder abbrechen [_e]. Wenn Sie sich also bei einer neuen Bekanntschaft noch unsicher sind, nehmen

_a Flüchtet der Oberkörper, will der Gesprächspartner Abstand wahren.

_b

_c

_d

__b Eine verschlossene Haltung zeigt sich in verschränkten Armen oder übergeschlagenen Beinen.

__c Männer drücken ihr Desinteresse über eine schlaffe Haltung aus.

__d Eine starre Haltung bei Frauen macht deutlich: kein Interesse.

_e Er zeigt ihr sprichwörtlich die kalte Schulter.

_f Wer wegwerfende Gesten macht, verwirft auch den anderen als potenziellen Partner.

_g Der Bremsfuß deutet auf mangelndes Interesse hin.

Sie am besten zunächst die seitliche Position ein – so können Sie das Gespräch leichter wieder beenden!

› Um unsere Sympathie zu gewinnen, wird unser Gegenüber unsere Aussagen sicherlich mit zustimmenden Signalen wie einem leichten Kopfnicken oder einem vorgebeugten Oberkörper kommentieren. Wenn Ihr Gesprächspartner allerdings eher abwehrende beziehungsweise wegwerfende Gesten zeigt –, beispielsweise Wischgesten oder Handbewegungen, die von oben nach unten verlaufen – heißt das: Er ist weder interessiert noch einverstanden mit Ihren Aussagen und auch nicht um Ihre Sympathie bemüht [_f].

› Während des Gesprächs hebt der andere den Fuß, als würde er ein Bremspedal treten [_g]? Ein eindeutiges Zeichen dafür, dass Ihr Gegenüber diesem Gespräch beziehungsweise dem Flirt lieber ein Ende setzen möchte.

› Vorsicht ist auch geboten, wenn Ihr Flirtpartner unruhig hin und her zappelt, sich den Hals reibt, ein Loch in die Luft guckt und kaum Blickkontakt hält. Damit signalisiert er, dass er das Gespräch als uninteressant empfindet. Noch deutlicher zeigt Ihr Gegenüber sein Desinteresse, wenn es während des Gespräches nach anderen Flirtpartnern Ausschau hält.

Wenn Sie merken, dass Ihr Interesse an einer Person leider nicht auf Gegenseitigkeit beruht, unternehmen Sie keine verzweifelten Versuche – zum Beispiel durch Ihre Körpersprache –, diesen Menschen umzustimmen. Denn stimmt die Chemie zwischen zwei Menschen nicht, vermag auch eine perfekte Körpersprache nichts auszurichten. (Liebes-)Glück lässt sich bekanntlich nicht erzwingen. Und wenn Ihr Gegenüber Ihr Interesse partout nicht erwidert, sollten Sie sich Ihre Energie lieber für den oder die Richtige(n) aufsparen.

So bekommen Sie die Telefonnummer

Kennen Sie das? Sie treffen jemanden zum ersten Mal und sind überzeugt, dass er oder sie der beziehungsweise die Richtige ist. Dann möchten Sie diese Person natürlich unbedingt näher kennenlernen! Doch wie stellen Sie das am besten an? Egal, wen Sie um Rat fragen – hierzu hat sicher jeder einen guten Tipp parat! Womit Sie allerdings immer richtig liegen – und sicherlich auch erfolgreich sein werden –, ist der Einsatz Ihrer Körpersprache! Indem Sie bestimmte Signale aussenden, können Sie sowohl eine erste Kontaktaufnahme forcieren als auch Ihre Chancen, dass der ersten Begegnung noch weitere Verabredungen folgen, deutlich erhöhen.

Erfolgreich Kontakte knüpfen

Haben Sie jemanden entdeckt, der Ihnen gefällt? Dann gibt es eine Reihe von Möglichkeiten, seine oder ihre Aufmerksamkeit zu wecken und Kontakt aufzunehmen:

› Der Blickkontakt ist das A und O eines Flirts. Nur wenn wir den Mut aufbringen, den Blick zum anderen für zwei bis drei

Sekunden zu halten und zu wiederholen, senden wir ein deutliches Signal und können auf eine Erwiderung hoffen. Ist ein erster Blickkontakt hergestellt, kann ein freundliches Lächeln – vielleicht begleitet von einem leichten Augenzwinkern – ausschlaggebend sein. Kein Wunder, denn nichts wirkt attraktiver als Menschen, die sich ganz natürlich geben und dadurch sympathisch rüberkommen.

› Das Interesse einer Person über eine größere Distanz zu wecken – wie zum Beispiel in einem Restaurant –, erfordert zuweilen etwas deutlichere Signale als ein bloßes Hinüberschauen. Bewegung heißt hier das Zauberwort! Am Tisch in einer größeren Runde sollten Sie auf alle Fälle Ihren Körper in die Richtung Ihres Flirtpartners drehen und Barrieren wie etwa die am Tisch stehende Speisekarte beiseitelegen. Eine weitere Möglichkeit: Gehen Sie zur Bar oder zur Toilette und versuchen Sie im Vorbeigehen einen Blickkontakt herzustellen. Besonders wenn Sie in einer Gruppe unterwegs sind, lösen Sie sich am besten zwischendurch von den anderen, um ein Ansprechen zu erleichtern.

› Gehört Ihre neue Flirtbekanntschaft zu Ihrer Gruppe oder sitzen Sie am gleichen Tisch, dann positionieren Sie sich im rechten Winkel, denn dadurch ist die Distanz zueinander geringer [_a].

› Sie sind ins Gespräch gekommen? Prima, denn eine erfolgreiche Kontaktaufnah-

_a Platzieren Sie sich nicht gegenüber, sondern im rechten Winkel, denn die richtige Sitzposition verringert die Distanzzone.

me ist schon die halbe Miete. Nun können Sie während Ihrer Unterhaltung gezielt weitere Signale setzen, um die Sympathie Ihres Flirtpartners zu gewinnen. Möglich ist das zum Beispiel durch zufällige kleine Berührungen, die eine erste körperliche Nähe herstellen [_b]. Vergessen Sie dabei aber nicht: Alle Berührungen, die über solche »versehentlichen« hinausgehen, bedürfen der Erlaubnis des Betreffenden, in seine persönliche Distanzzone einzudringen.

Achten Sie deshalb hier ganz besonders aufmerksam auf die Reaktion Ihres Gegenübers: Wenn Ihr Flirtpartner eher zögerlich reagiert oder sogar ein wenig gegensteuert, indem er beispielsweise das Kinn zurückzieht, sollten Sie sich wieder etwas zurücknehmen. Indem Sie sein Distanzbedürfnis respektieren, können Sie das Vertrauen des anderen besser gewinnen als auf jede andere Weise.

› Je mehr Aufmerksamkeit wir unserem Gesprächspartner schenken, desto sympathischer wirken wir auf ihn. Im Gespräch bedeutet das: Blickkontakt halten und den Aussagen des anderen mit interessierten Gesten wie Kopfnicken folgen [_c].

› Achten Sie beim Flirten immer auf Ihre Körperhaltung und signalisieren Sie Ihrem Gegenüber Offenheit. Das heißt: Halten Sie Ihre Hände nicht gefaltet, sondern offen mit den Innenflächen nach oben. Sitzen oder stehen Sie aufrecht und machen Sie dabei ein freundliches Gesicht. Eine

_b Zufällige Berührungen schaffen Nähe und erhöhen die Flirtchancen.

__C Wer seinem Flirtpartner aufmerksam zuhört, macht Pluspunkte.

schlaffe Haltung dagegen wirkt nicht sehr vielversprechend – und schließlich ist ein Flirt ja eine Art Vorgeschmack …

› Eindeutige Signale senden Sie auch mit den bereits erwähnten autoerotischen Berührungen (siehe Seite 54 f.). Spielen Sie mit Ihren Haaren, fahren Sie sich leicht über den Schenkel oder streichen Sie an Ihrem Hals entlang. Das wirkt sehr sinnlich und erweckt bei Ihrem Gegenüber vielleicht die Lust auf mehr.

Flirttaktiken für sie und ihn

Vielleicht stimmt es ja doch, dass Männer und Frauen von verschiedenen Planeten stammen. Manchmal zumindest könnte man es denken, gerade was die Kommunikation betrifft. Ob verbal oder nonverbal – in der Art zu kommunizieren unterscheiden sich die Geschlechter teilweise sehr. Kein Wunder also, dass Männer und Frauen auch auf unterschiedliche Flirttaktiken abfahren. So setzen Frauen beim Flirten gerne folgende Schlüsselreize ein, um Männern zu gefallen:

› Der beste Trick, um ihn zu erobern, ist immer noch das altbewährte Spiel: Die Frau geht nicht selbst auf den Mann zu, sondern sendet ihm subtile Signale, damit er sich nähert. So denkt er, er hätte die Initiative ergriffen, auch wenn er tatsächlich nur auf ihre Reize reagiert hat.

› Je nachdem, um welchen Typ Mann es sich bei Ihrem Flirtpartner handelt, können Sie versuchen, entweder sexy und geheimnisvoll [_a] oder schüchtern und verletzlich [_b] zu wirken: Halten Sie den Blickkontakt, begleitet von einem verführerischen Lächeln, schlagen Sie Ihre Beine in seine Richtung übereinander, werfen Sie das Haar nach hinten, aber bleiben Sie mit dem Körper auf Abstand – so wecken Sie garantiert seinen Eroberungsdrang. Oder schenken Sie ihm einen flüchtigen Augenaufschlag, während Sie ihn kurz an- und gleich wieder wegsehen, dabei den Kopf leicht schräg halten und Ihren Hals zeigen – so signalisieren Sie ihm, dass er der Stärkere ist, und appellieren an seinen Beschützerinstinkt.

Ganz anders gehen Männer beim Flirten vor: Ihnen gelingt es mit folgenden Verhaltensweisen, die Gunst zu gewinnen:

› Mit einem eher schüchternen Blick haben Sie Ihre Angebetete schon fast für sich gewonnen. Neigen Sie Ihren Kopf nach unten und schauen Sie sie an wie ein treuer Hund – von unten nach oben [_c]. Damit signalisieren Sie ihr Interesse und gleichzeitig Vertrauen.

› Besonders romantisch wirken Sie auf Ihre Flirtpartnerin, wenn Sie sie zur Verabschiedung leicht auf die Schläfe küssen – so geben Sie ihr ein Gefühl von Sicherheit und Geborgenheit [_d].

› Beeindrucken Sie Ihre Auserwählte, indem Sie ganz Gentleman sind und damit Ihre männliche Stärke und Souveränität demonstrieren. Das erreichen Sie schon

_a Immer eine wirkungsvolle Flirttaktik: sexy und geheimnisvoll erscheinen.

_b Auch Frauen, die schüchtern und verletzlich wirken, kommen gut an.

_c Ein treuer Hundeblick wirkt bei vielen Frauen Wunder ...

_d Intim und souverän zugleich: ein zarter Kuss auf die Schläfe.

_e Ein Gentleman hat immer gute Chancen bei Frauen.

mit einfachen Mitteln: Indem Sie der Dame Ihres Herzens in den Mantel helfen, die Tür aufhalten, ihr den Vortritt lassen und dabei leicht mit der Hand ihre untere Rückenpartie berühren [_e]. Auch wenn Sie Ihre Schultern nach vorne ziehen, sodass Ihre Flirtpartnerin das Gefühl hat, sie solle und könne sich anlehnen, zeigen Sie sich als Beschützer und Gentleman.

Generell gilt: Je mehr Flirtsignale Sie Ihrer beziehungsweise Ihrem Auserwählten senden, umso wahrscheinlicher geht sie oder er darauf ein. Studien dazu haben gezeigt, dass bei Männern die Körpersprache der Flirtpartnerin sogar eine größere Rolle spielt als ihre Attraktivität. Also: Üben Sie sich in Körpersprache – dann steht Ihrem Liebesglück nichts mehr im Wege!

Was macht uns attraktiv?

Obwohl Körpersignale oft ausschlaggebend sind, ob es beim Flirt zu einer Kontaktaufnahme kommt oder nicht, ist unser Aussehen natürlich dennoch nicht ganz unwichtig. Besonders dann, wenn es darum geht, die Aufmerksamkeit des anderen Geschlechts auf sich zu ziehen. Schließlich bilden wir uns – allein aufgrund rein äußerlicher Merkmale – nach gerade mal zehn Millisekunden ein erstes Urteil über eine fremde Person. Und haben sie nach weiteren 150 Millisekunden schon in eine Schublade gesteckt (siehe dazu Seite 11) – zum Beispiel als attraktiv oder unattraktiv. Doch was empfinden wir eigentlich als wirklich attraktiv?

Schmollmund und weibliche Hüften

Die Frage, was Männer an Frauen anziehend finden, beschäftigt das weibliche Geschlecht schon seit jeher. Natürlich hat sich das Schönheitsideal im Lauf der Zeit mehrfach gewandelt – so manche Details sind jedoch nach wie vor aktuell. Damit Sie in Zukunft immer bestens informiert sind, kommen hier die Top Ten der weiblichen Attraktivitätsmerkmale:

Ein athletischer Körper

Männer bevorzugen bei ihrer Partnerin einen starken Körperbau, weil er ein Zeichen für Gesundheit und Stabilität ist. Er signalisiert außerdem, dass diese Frau in der Lage ist, Kinder zu gebären. Entgegen des allgemeinen Schlankheitswahns ziehen die meisten Männer daher eine wohlgeformte einer sehr schlanken Frau vor. Übrigens: Wussten Sie, dass Marilyn Monroe Konfektionsgröße 42 trug?

Ein sinnlicher Mund

Sie wollen ihm Interesse signalisieren? Tragen Sie Lippenstift auf, denn rote Lippen sind eines der stärksten sexuellen Signale, die eine Frau setzen kann.

Ein großer Busen

Nach wie vor ist die weibliche Brust das Lieblingsobjekt des Mannes. Doch wenn Männer auf die Oberweite statt in die

Augen sehen, kann das auch an ihrer Unsicherheit liegen. Sie weichen dann dem direkten Blick aus.

Lange Beine

Je mehr Bein ein Mann sehen kann und je länger die Beine einer Frau sind, desto attraktiver wirkt sie auf ihn. Das ist auch der Grund, warum Frauen sich in hochhackige Pumps quälen: Sie verlängern die Beine und lassen die Füße kleiner aussehen, drücken den Rücken leicht ins Hohlkreuz, heben den Po hervor und schieben das Becken nach vorne. Beim Tragen solcher Absätze wird auch automatisch die Wadenmuskulatur angespannt – und das gilt als Signal für sexuelle Erregung. Untersuchungen belegen außerdem, dass die Länge des Rocks und die Höhe der Absätze mit dem Menstruationszyklus der Frau variieren: So wählt eine Frau unbewusst in der Zeit ihres Eisprungs kürzere Röcke und höhere Absätze.

Runde Hüften, eine schlanke Taille und ein wohlgeformter Po

Eine perfekte Sanduhr-Figur gilt als extrem weiblich: Eine schmale Taille betont die etwas rundlichen Hüften und weist außerdem auf die Gebärfähigkeit der Frau hin. Doch was wären weibliche Hüften ohne einen perfekten Po? Hier ist für Männer nach wie vor der runde Apfel- oder Pfirsich-Po das Attraktivitätsmerkmal Nummer eins.

Attraktive Augen

Große Augen wirken attraktiv. Die Erklärung hierfür ist einfach: Gefällt uns etwas, das wir sehen, dann weiten sich automatisch unsere Pupillen. Der Effekt großer Augen lässt sich aber auch leicht mit Hilfe von Augen-Make-up erzeugen!

Eine kleine Nase

Was fällt uns an Babys oder Kleinkindern meist als Erstes auf? Die niedliche Stupsnase. Ein Reiz, der auch später noch funktioniert: Eine kleine Nase sieht kindlich aus und weckt den Beschützerinstinkt.

Lange Haare

Lange Haare stehen für Weiblichkeit. Will eine Frau einen Mann anlocken, sollte sie also ihre Haare offen tragen.

Ein flacher Bauch

Ein flacher und glatter Bauch bei einer Frau sendet an Männer ein eindeutiges Signal: »Ich bin nicht schwanger und daher für männliche Interessenten noch zu haben.«

Ein langer Hals

Da Männer von Natur aus einen kürzeren und stärkeren Hals als Frauen haben, wirkt ein langer, schlanker Hals für sie sehr weiblich und attraktiv.

Breite Schultern und volles Haar

Und worauf kommt es Frauen an, wenn es darum geht, Mr. Right ausfindig zu machen? Ein Traummann sollte nach Möglichkeit folgende Kriterien erfüllen:

Ein athletischer Körper

Hier sind sich Frauen und Männer einig: Ein athlethischer, durchtrainierter Körper gefällt beiden. Dieses Attribut steht für Gesundheit und Kraft – ideale Eigenschaften, um eine Familie gründen und sie auch ernähren zu können.

Breite Schultern, eine kräftige Brust und muskulöse Arme

Breite Schultern sind für die meisten Frauen ganz entscheidend: Je größer der Brustkorb ist, desto mehr Stärke, Macht und Respekt strahlt der Mann aus. Zu viel Muskelmasse sollte es aber auch nicht sein – die wenigsten Frauen stehen nämlich auf Bodybuilder-Typen.

Ein kleiner, knackiger Po

Dass auch Frauen lieber einen Mann mit einem kleinen und knackigen Hintern wählen, ist sicher unumstritten. Doch warum das so ist, konnte bisher nicht wissenschaftlich belegt werden.

Volles Haar

Die Hälfte aller Frauen wünscht sich einen Mann mit vollem Haar. Das Paradoxe daran: Männliche Kahlköpfigkeit entsteht durch eine Überproduktion an männlichen Hormonen. Aus diesem Grund sind kahle Männer meist aggressiver, gleichzeitig aber auch sexuell aktiver, als Männer mit vollem Haar.

Ein sinnlicher Mund

Wie Männer finden auch Frauen einen sinnlichen Mund äußerst attraktiv – und vor allem auch erotisch.

Freundliche Augen

Frauen sind – was die Aufrichtigkeit ihrer Verehrer betrifft – von Natur aus eher misstrauisch. Ein Mann mit freundlichen Augen hat daher bei ihnen erheblich bessere Chancen. Und übrigens auch Männer mit dunkleren Augen, weil helle Augen mehr kindlich als männlich wirken.

Eine ausgeprägte Nase und ein markantes Gesicht

Eine ausgeprägte Nase, ein markantes Kinn und dichte Augenbrauen sind ein Zeichen von Männlichkeit – sie deuten nämlich auf einen hohen Testosteronspiegel hin.

Schmale Hüften und muskulöse Beine

Kräftige Beine und schmale Hüften gelten seit Urzeiten als typisch männlich: Dieser Körperbau erlaubte es dem Mann lange Strecken zu laufen, um wilde Tiere zu jagen.

Ein flacher Bauch

Welche Frau träumt bei ihrem Liebsten nicht von einem perfekten Waschbrettbauch? Ob das auch fortpflanzungsbedingte Gründe hat, ist bisher nicht bekannt. Vielleicht ist es auch einfach nur ein Ergebnis des allgemeinen Fitnesswahns?

Was wirklich zählt

Alles in allem sind sowohl für Frauen als auch für Männer bestimmte körperliche Attribute ausschlaggebend bei der Partnerwahl. Auf lange Sicht jedoch spielen selbstverständlich auch Eigenschaften wie Persönlichkeit, Humor, Einfühlungsvermögen und Köpfchen eine Rolle. Und neben allen äußerlichen Vorteilen und inneren Werten können Sie Ihre Beziehung schließlich auch durch eine gezielte Körpersprache positiv beeinflussen – vom ersten Flirtabend bis zur langjährigen Partnerschaft.

Lügendetektor

_was der Körper spricht: Während eines Gesprächs macht Ihr Gegenüber wiederholt von oben nach unten verlaufende Armbewegungen.

_was der Körper verrät: Wer die Aussagen seines Gegenübers mit solchen wegwerfenden Gesten unterstreicht oder kommentiert, hat vermutlich kein Interesse an Ihnen beziehungsweise an Ihrer Unterhaltung und sieht Sie auch nicht als möglichen Partner.

Lügendetektor

_was der Körper spricht: Kennen Sie das? Ihr Flirtpartner zupft andauernd an sich herum und entfernt hier und da einen Fussel – auch da, wo offensichtlich gar keine vorhanden sind ...

_was der Körper verrät: Diese »Putzbewegungen« sind ein deutliches Zeichen dafür, dass Ihr Gegenüber Interesse an Ihnen hat und sich von seiner besten Seite präsentieren möchte – und sich deshalb im wahrsten Sinne des Wortes (heraus)putzt.

Lügendetektor

_was der Körper spricht: Beobachten Sie einmal flirtende Frauen: Sie werden erstaunt feststellen, wie häufig diese sich im Gespräch selbst berühren und beispielsweise mit der Hand über den Hals oder über die Oberschenkel streichen.

_was der Körper verrät: Solche autoerotischen Gesten sollen dem Flirtpartner unbewusst signalisieren, dass man auch Berührungen von seiner Seite nicht abgeneigt wäre und durchaus daran interessiert ist, ihn näher kennenzulernen.

Lügendetektor

_was der Körper spricht: Sie sitzen ganz verliebt Ihrem neuen Schwarm gegenüber und er spiegelt genau Ihre Haltung?

_was der Körper verrät: Dafür gibt es eine einfache Erklärung: Sind sich zwei Flirtpartner sympathisch, passen sie sich nach einiger Zeit auch körpersprachlich an. Die Folge davon sind synchrone Bewegungen.

Lügendetektor

_was der Körper spricht: Ihre Flirtpartnerin ist auffallend ruhig und bewegt sich kaum, während Sie sich mit ihr unterhalten?

_was der Körper verrät: Wenn eine Frau geradezu erstarrt und ihre Gestik und Mimik auf ein Minimum reduziert, ist sie nicht an ihrem Flirtpartner interessiert. Denn offensichtlich versucht sie nicht (mehr), ihn von sich zu überzeugen.

Lügendetektor

_was der Körper spricht: Ihnen sitzt ein Mann gegenüber, der völlig schlaff in seinem Stuhl hängt?

_was der Körper verrät: Ganz klar: Sitzt ein männlicher Flirtpartner ohne jegliche Körperspannung und gleichgültig auf seinem Stuhl, ist er nicht bestrebt, einen guten Eindruck zu machen. Er hat vermutlich kein Interesse an seinem Gegenüber.

Lügendetektor

_was der Körper spricht: Sie flirten mit jemandem, der sich während des Gesprächs so wegdreht, dass er Ihnen nicht mehr frontal gegenübersitzt oder -steht, sondern Ihnen eher von der Seite her die Schulter zuwendet?

_was der Körper verrät: Machen Sie sich keine großen Hoffnungen, denn Ihr Gegenüber zeigt Ihnen in diesem Fall im wahrsten Sinne des Wortes die kalte Schulter und scheint nicht sehr interessiert zu sein.

Lügendetektor

_was der Körper spricht: Sie unterhalten sich gerade angeregt – wie Sie glauben – mit Ihrem Flirtpartner? Doch er neigt immer wieder seinen Oberkörper von Ihnen weg.

_was der Körper verrät: Da Ihr Gegenüber mit dem Oberkörper nach hinten geht, ist es Ihnen höchstwahrscheinlich auch in anderer Hinsicht abgeneigt und möchte die räumliche Distanz gerne vergrößern.

Partnerschaft: kleine Gesten mit großer Wirkung

Ist die Phase des Werbens – also der Flirt und das erste Kennenlernen – erst einmal vorbei, kommt im Idealfall der nächste Schritt: Die Verliebten entscheiden sich dazu, es ernsthaft miteinander zu probieren, und möchten eine dauerhafte Beziehung aufbauen. Besonders diese Phase ist – mehr noch als jede Flirtsituation – von Unsicherheiten und Hemmungen geprägt. Kein Wunder: Wir lassen uns auf jemanden ein, den wir noch nicht gut kennen, und geben bereits sehr viel mehr von uns preis als bei einem harmlosen Flirt – der ja eher noch ein Spiel ist. Jetzt aber wird es ernst: Beide Partner wollen den anderen nun besser kennenlernen, um herauszufinden, ob es sich dabei wirklich um »Mr. oder Mrs. Right« handelt. Dementsprechend versucht sich natürlich jeder von seiner besten Seite zu zeigen und beobachtet gleichzeitig auch ganz genau die Reaktionen des anderen, um darin Antworten zu finden. Antworten auf Fragen wie: »Meint er es ernst, oder ist das für ihn nur eine zwanglose Affäre?« oder »Macht es ihr Spaß, mit mir zusammen zu sein, oder langweilt sie sich vielleicht schon?«

Eine gute Möglichkeit, sich diese Fragen zu beantworten, bieten die Signale und Gesten des anderen, die er über seine Körpersprache aussendet. Diese Zeichen können Ihnen vieles über die Gedanken und Gefühle Ihres Partners verraten – über all das, was er oder sie verbal nicht zum Ausdruck bringen kann oder möchte. Darüber hinaus können Sie aber auch mit Ihrer eigenen Körpersprache die Beziehung positiv beeinflussen. Manchmal sind es nämlich schon ganz kleine Gesten, die in Liebesdingen ein entscheidendes Signal setzen können und in einer glücklichen und dauerhaften Beziehung nicht fehlen sollten. Natürlich wird jede langjährige Beziehung früher oder später auch von Alltag und Gewohnheit bestimmt. Man setzt sich mit dem anderen nicht mehr so intensiv auseinander wie in der ersten Zeit. Dabei verraten uns körpersprachliche Gesten und Signale unseres Partners auch nach Jahren noch sehr viel Neues: »Fühlt sich der andere noch immer wohl in der Beziehung?« oder »Gibt es etwas, das die Beziehung gefährdet?« Ein Blick auf die Körpersprache des anderen und auch das Wissen um körpersprachliche Unterschiede zwischen Mann und Frau kann also beziehungstechnisch sehr hilfreich sein – vom ersten Flirt bis zur goldenen Hochzeit.

Frauen und Männer – der kleine Unterschied

Es wird Sie nicht überraschen: In vielen Dingen denken, fühlen und handeln Männer und Frauen sehr verschieden. Am deutlichsten werden diese Unterschiede in Sachen Kommunikation. »Männer und Frauen können sich einfach nicht verstehen!« oder »Männer und Frauen sprechen verschiedene Sprachen!« Solche und ähnliche Aussagen begegnen uns tagtäglich und haben nur einen einzigen Grund: Männer und Frauen kommunizieren tatsächlich anders – sowohl verbal als auch nonverbal. Zumindest was die Körpersprache betrifft, können Sie das gegenseitige Verstehen ganz einfach verbessern: Lernen Sie die typisch weiblichen beziehungsweise männlichen Signale zu erkennen und zu deuten. Hier habe ich Ihnen die wichtigsten geschlechtsspezifischen Zeichen und Gesten, die Sie kennen sollten, zusammengestellt:

› Männer sind darauf bedacht, durch ihre Körpersprache den Raum, der sie umgibt, zu kontrollieren und ihre Position darin zu behaupten. Frauen dagegen halten sich meist im Hintergrund, weichen eher aus, machen sich klein oder schmal und drängeln sich an Hindernissen vorbei. Daher ist es auch so, dass man zu Männern grundsätzlich einen größeren Abstand hält und eher Platz für sie macht als für Frauen.

› Männer bewegen sich mehr und verwenden ausladendere Gesten als Frauen. Das weibliche Geschlecht zeigt weniger Bewegungen, und seine Gesten spielen sich meist in unmittelbarer Körpernähe ab.

› Dementsprechend kommunizieren Männer mit deutlich größeren Gesten und Armbewegungen aus der Schulter, während Frauen kleinere, weniger raumgreifende Gesten und Armbewegungen aus dem Ellenbogen heraus bevorzugen [_a]. Arm und Hand bewegen sich beim Mann dabei meistens als Einheit – Frauen dagegen setzen ihre Arme und Hände beim Gestikulieren überwiegend einzeln ein.

› Wenig Hemmungen haben Männer, wenn es darum geht, fremde Frauen anzufassen. Sie berühren sie beispielsweise an der Schulter oder haken sich bei ihnen unter. Frauen sind dieser Beziehung zurückhaltender und vermeiden es eher, fremde Männer – wenn auch in unverbindlicher Weise – anzufassen.

› Ganz anders sieht es aber aus, wenn es um Körperkontakt zum eigenen Geschlecht geht: Während Berührungen zwischen Männern eher selten sind, sind sie unter Frauen – auch wenn sie einander noch nicht oder nicht gut kennen – sehr häufig.

› Ähnlich zurückhaltend ist das starke Geschlecht, wenn es um die Begrüßung geht: Mehr als ein Händeschütteln ist bei Männern meist nicht drin, während Frauen sich oftmals umarmen oder sogar mit einem Kuss auf die Wange begrüßen.

› Auch sogenannte autoerotische Berührungen, die Sie im Kapitel »Flirten – aber richtig!« (siehe autoerotische Gesten, Seite 54 f.) kennengelernt haben, zeigt das weibliche Geschlecht sehr viel häufiger. Männer fummeln im Vergleich zu Frauen so gut wie gar nicht an sich herum.

› Wie schon in ihrem Verhalten und ihren Gesten allgemein sprechen Männer auch beim Sitzen eine großzügige Körpersprache: Sie sitzen breitbeinig auf der Stuhlkante oder mit dem Oberkörper zu ihrer Gesprächspartnerin hingebeugt. Frauen dagegen ziehen sich zurück und nutzen zwar die gesamte Fläche des Stuhls, halten dabei aber ihre Beine zusammen oder schlagen sie übereinander [_b].

_a Männer benötigen für den Einsatz ihrer Körpersprache viel Platz. Frauen dagegen machen sich eher schmal.

__b Auch im Sitzen machen sich Männer breiter und sitzen »aktiver«: auf der Stuhlkante und zu ihrem Gegenüber hinübergebeugt. Frauen lehnen sich zurück und schlagen oft die Beine übereinander.

__c Frauen »arbeiten« sehr viel mit dem Gesichtsausdruck, während Männer in der Regel kaum ihre Mimik verändern.

info

_Ist es was Ernstes?

Die Frage, die sowohl Frau als auch Mann besonders während der Phase des Kennenlernens beschäftigt, ist natürlich die, wie es weitergeht. Vor allem Frauen sind nach einer ersten gemeinsamen Nacht oft unsicher, ob der Mann sein Ziel nun schon erreicht oder ob er durchaus ernste Absichten hat. Doch das können Ihnen ganz bestimmte Signale in der Körpersprache verraten. Ernsthafte Hoffnung auf eine gemeinsame Zukunft dürfen Sie sich dann machen, wenn der andere

- öfter mal Ihren Arm, Ihre Schulter oder Ihren Rücken berührt. Damit will Ihre neue Bekanntschaft signalisieren, dass Sie ihr gehören und sie sich um Sie kümmert.
- sich voll und ganz auf Sie konzentriert und keine Augen für andere hat.
- von sich aus Ihre Hand ergreift und hält – auch in der Öffentlichkeit: ein klares Zeichen für Zusammengehörigkeit.
- immer wieder Körperkontakt sucht, indem er beispielsweise Ihre Haare oder Ihre Kleider ordnet.

› Ähnlich wie bei der Sitzhaltung verhält es sich auch mit dem männlichen beziehungsweise weiblichen Gang: Mit langen Schritten versuchen Männer ein möglichst großes Territorium einzunehmen – also ihr Revier auszudehnen. Frauen dagegen bemühen sich, mit kleineren Schritten und einem ausgeprägteren Hüftschwung weiblich und sexy zu gehen.

› Ebenso deutlich fallen auch die Unterschiede in Sachen Mimik aus: Zeigen Männer in der Regel wenig bis gar keinen Gesichtsausdruck, um Stärke, Souveränität und Gelassenheit zu demonstrieren, drücken sich Frauen sehr intensiv über ihre Mimik aus und lassen damit erheblich mehr Emotionen erkennen als das starke Geschlecht [_C]. Kein Wunder also, dass Männer viel seltener ein Lächeln erwidern als Frauen und häufig deutlich »emotionsloser« erscheinen.

Nun kennen Sie die Aspekte, in denen sich die weibliche und die männliche Körpersprache grundsätzlich unterscheiden: Die typische Männer-Körpersprache zeigt große Gesten und wenig Mimik – und signalisiert damit ein männlich-dominantes Verhalten. Männer nehmen ganz selbstverständlich in ihrem gesamten Auftreten viel mehr Raum ein als Frauen. Dadurch wirken sie automatisch präsenter und erzeugen mehr Aufmerksamkeit als das »schwache« Geschlecht, das eher zurückhaltend auftritt. Die typische Frauen-Körpersprache lebt demnach von kleinen Gesten – meist nah am Körper ausgeführt – und einer lebhaften Mimik.

Doch ganz egal, ob Mann oder Frau: Über ein paar liebevolle Gesten der Zuneigung hin und wieder freut sich jeder – auch oder sogar ganz besonders in einer langjährigen Beziehung.

Durch Körpersprache den Alltag versüßen

Welche Frau ist nicht begeistert von kleinen Überraschungen wie einem Strauß Rosen, einer Einladung zum Lieblingsitaliener oder einem netten Kompliment? Und welchem Mann gefallen nicht gelegentliche Liebesbezeugungen von der Frau seines Herzens? Um dem Partner zu zeigen, wie viel er einem bedeutet, braucht es aber nicht unbedingt große Geschenke – manchmal genügen auch schon kleine Gesten, die unsere Gefühle zum Ausdruck bringen. Und langfristig gesehen lohnt sich der Einsatz von solchen körpersprachlichen Signalen allemal, denn ein liebevoller Umgang gibt dem viel zitierten Auseinanderleben, den Beziehungskrisen und dem Alltagsfrust keine Chance. Berührungen sind dabei das Salz in der Beziehungssuppe. Das klingt einfach und selbstverständlich, wird aber leider allzu oft vergessen.

Doch erinnern Sie sich noch an die Zeit, in der Sie bis über beide Ohren verliebt waren? Wissen Sie noch, dass Sie die Hände kaum von Ihrem neuen Partner lassen konnten? Doch warum war das so? Zum einen, weil die körperliche Anziehungskraft in der Anfangsphase einer Beziehung sicherlich am größten ist. Zum anderen aber auch, weil wir unserer Umgebung zeigen möchten: »Dieser Mensch gehört jetzt zu mir – wir sind ein Paar!« Wir sind stolz auf unseren neuen Partner und möchten dieses zarte Glück unbewusst auch vor äußeren Einflüssen schützen. Je länger jedoch eine Beziehung hält, desto sicherer werden wir uns der Liebe unseres Partners und zeigen immer seltener Gesten, die Zusammengehörigkeit demonstrieren. Schade, denn gerade diese Signale halten die Beziehung jung. Also: Berühren Sie sich! Es bieten sich Ihnen unzählige Gelegenheiten, den direkten Kontakt zu Ihrer besseren Hälfte zu suchen:

- Sie können Ihren Partner zum Beispiel leicht am Rücken berühren, während Sie ein Restaurant betreten, oder beim Gespräch die Hand auf seinen Unterarm legen [_a] – solche kleinen Gesten machen viel aus. Und auch wenn Ihr Partner die Berührungen in diesem Augenblick vielleicht gar nicht bewusst wahrnimmt, wird eine intensive Nähe zwischen Ihnen entstehen und auch über die Jahre erhalten bleiben.
- Mit einer Umarmung können wir unserem Partner unsere Zuneigung am besten demonstrieren [_b]. Nichts rührt so sehr an unsere ursprünglichsten Empfindungen, wie wenn wir uns umarmen. In diesem Moment fühlen wir uns geliebt, beschützt und geborgen. Noch dazu stellt eine Umarmung – von sexuellen Begegnungen einmal abgesehen – die größtmögliche körperliche Nähe zwischen zwei Menschen her. Lassen Sie also ein wenig von der Zeit, als Sie frisch verliebt waren, wieder aufleben und nehmen Sie sich doch einfach mal wieder in den Arm – zum Beispiel beim morgendlichen Abschied oder bei der Begrüßung am Abend.
- Können Sie sich noch an den ersten Kuss mit Ihrem Partner erinnern? An die Schmetterlinge im Bauch wie auch an das unbezahlbare Gefühl, den Richtigen beziehungsweise die Richtige gefunden zu

_a Mit einer Berührung am Arm markiert er seinen »Besitz«.

_b Bereits eine kurze Umarmung schafft sofort Nähe zwischen zwei Menschen.

haben? Verzichten Sie nicht auf dieses Gefühl und schenken Sie dem Menschen an Ihrer Seite öfter mal zwischendurch einen Kuss – und sei es nur auf die Wange [_c]. Mit so einer kleinen Geste können Sie einen liebevollen Umgang miteinander aufrechterhalten – auch über Jahre hinweg.

› Wenn Sie als Kind traurig oder mutlos waren – mit welcher Geste haben Ihre Eltern Sie getröstet und ermutigt? Bestimmt, indem sie Ihnen sanft mit der Hand über den Kopf streichelten [_d]. Eine Berührung, die uns auch im Erwachsenenalter noch ein Gefühl der Geborgenheit und des Vertrauens vermittelt. Warum geben Sie Ihrem Partner also nicht auch hin und wieder dieses Gefühl, wenn er beispielsweise nach einem harten Arbeitstag erschöpft vor Ihnen sitzt? Sicher wird er es Ihnen mit einem liebevollen Lächeln danken. Und vielleicht Sie bei der nächsten Gelegenheit mit dieser Geste aufmuntern?

› Ob sich aus einem Flirt eine ernsthafte Beziehung entwickeln könnte, wissen wir in der Regel noch nicht nach dem ersten Kuss. Und auch nicht unbedingt nach der ersten gemeinsamen Nacht. Erst in dem Moment, in dem der andere das erste Mal unsere Hand hält, haben wir das sichere Gefühl, dass ihm wirklich etwas an uns liegt [_e]. Händchen zu halten sagt nichts anderes als »Wir gehören zusammen!« – ein Signal, das auch nach vielen Beziehungsjahren noch Wunder wirken kann. Deshalb: Ergreifen Sie die Initiative! Und die Hand Ihres Partners!

__c Ein Küsschen auf die Wange kann Wunder in einer Partnerschaft bewirken.

__d Dem Partner über den Kopf zu streichen vermittelt Fürsorge und Vertrauen.

__e Händchen halten signalisiert Zusammengehörigkeit.

› Wie das Händchenhalten tut auch ein warmherziges Lächeln Ihrer Beziehung gut (siehe echtes Lächeln, Seite 12). Sie zeigen dem Menschen an Ihrer Seite damit, dass er Ihnen alles andere als gleichgültig ist – und werden sicher mit einem ebenso liebevollen Lächeln belohnt.

› Vor allem in langjährigen Beziehungen hört man immer wieder Klagen über eine unbefriedigende Kommunikation: Aussagen wie »Er hört mir nie richtig zu« oder »Sie interessiert sich nicht für das, was ich erzähle« sind dann häufig an der Tagesordnung. Deshalb: Hören Sie Ihrem Partner aufmerksam zu und zeigen Sie Interesse für seine Gesprächsinhalte. Denn schließlich erwarten Sie dasselbe von ihm! So zum Beispiel im alltäglichen Gespräch am Frühstückstisch oder beim Abendessen: Wenn das, was der andere erzählt, Sie wirklich interessiert, umso besser. Wenn nicht, geben Sie ihm dennoch durch Ihre Körpersprache zu verstehen, dass Sie ihm konzentriert zuhören. Neigen Sie sich zum anderen hin, bestätigen Sie seine Erzählungen durch Ihr Kopfnicken und blicken Sie Ihren Partner aufmerksam an, während er spricht (siehe Seite 65). Er wird Sie dafür lieben.

Sie sehen also, es ist gar nicht so schwer, mit kleinen Gesten Ihre Beziehung jung zu erhalten. Doch auch wenn Sie sich gerade nicht ganz sicher sind, ob alles so läuft wie gewünscht, kann Ihnen die Körpersprache weiterhelfen.

Wie steht es um Ihre Partnerschaft?

Wer kennt das nicht: Sie leben bereits seit mehreren Jahren in einer glücklichen Beziehung, in der es keine größeren Probleme oder Streitigkeiten gibt. Und doch fehlt etwas, das am Anfang da war. Sie meinen, den anderen in- und auswendig zu kennen, zu wissen, was er denkt und empfindet – und trotzdem fühlen Sie sich dem Partner nicht mehr so nahe wie früher. Der Grund dafür: Im Laufe der Zeit schleichen sich nach und nach Veränderungen in einer Partnerschaft ein. Meistens werden sie erst dann erkannt, wenn es schon fast zu spät ist. Nämlich dann, wenn Sie sich bereits auseinandergelebt haben, wenn Sie nur noch den Alltag miteinander teilen und sonst nichts. Doch lassen Sie es nicht so weit kommen! Seien Sie ein aufmerksamer Beobachter der Körpersprache – dann können Sie auch ein aufmerksamer Partner sein!

Hand in Hand

Was wäre eine Beziehung ohne Händchenhalten? Diese Geste wirkt so simpel und drückt doch so viel aus: Verbundenheit, Zusammengehörigkeit und Schutz.

Auf den ersten Blick sieht es vielleicht ähnlich aus und scheint stets die gleiche Botschaft zu vermitteln. Bei näherem Hinsehen jedoch lassen sich einige Unterschiede in der Art des Händchenhaltens erkennen, die sehr viel über eine Beziehung verraten:

› Wer beispielsweise nur die Fingerspitzen der oder des Liebsten berührt [_a], geht eindeutig auf Abstand und will den anderen nicht so weit in das eigene Leben hineinlassen. Doch gerade bei Frauen, die die Hand des Partners nicht ganz ergreifen, kann das auch ein Zeichen von Schüchternheit und Unsicherheit sein.

› Wer dagegen seine Hand ganz mit der des Partners verschränkt, beweist damit ein starkes Gefühl der Verbundenheit und Intimität. Diese Geste zeigt der Außenwelt: »Dieser Mensch gehört (zu) mir!« Sind die Hände beider Partner ineinander verknotet [_b] und gehen beide auf gleicher Höhe, zeugt das von großer Harmonie in der Beziehung. Läuft jedoch einer von beiden ein Stück vor dem anderen, ist er der Dominante in dieser Partnerschaft.

› Das Gleiche ist zu beobachten, wenn Paare die Hände nicht ineinander verschränken, sondern sich nur locker an den Händen halten. Derjenige, dessen Handrücken dabei nach vorne zeigt, gibt in dieser Beziehung in der Regel den Ton an [_c].

› Statt seine Hand zu ergreifen, haken sich manche Frauen lieber bei dem Mann an ihrer Seite ein und folgen damit ihrem unbewussten Bedürfnis nach Schutz. Zu diesem Schutzbedürfnis gesellt sich außerdem ein gewisser Besitzanspruch, wenn sie sich nicht nur bei ihm einhakt, sondern mit der anderen Hand zusätzlich seinen Arm hält [_d].

› Eine weitere Spielart, Verbundenheit zu demonstrieren, ist eine Umarmung.

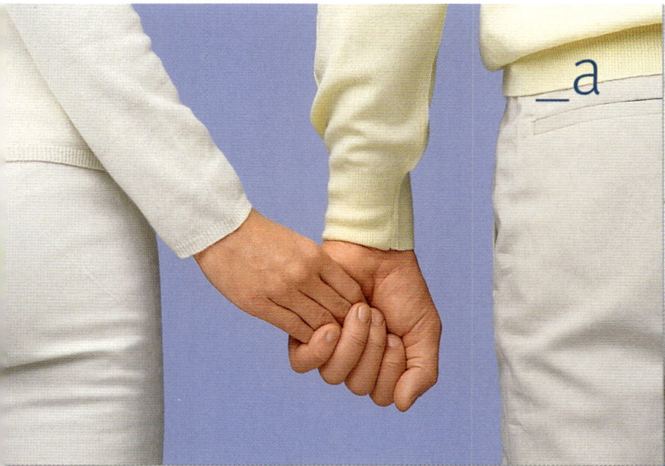

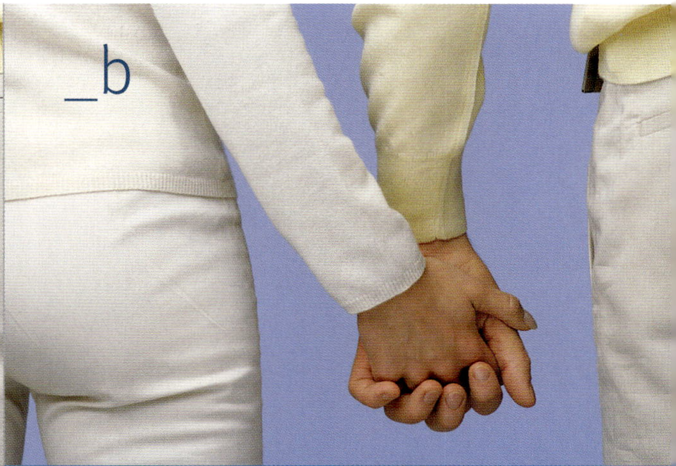

_a Er hält nur ihre Fingerspitzen und bewahrt somit Abstand.

_b Ineinander verschränkte Finger zeugen von einer sehr innigen Beziehung.

_c Zeigt sein Handrücken beim Händchenhalten nach vorne, gibt er den Ton an.

_d Sie hakt sich ein? Dann sucht sie Schutz. Und möchte zeigen, dass er ihr gehört.

_e Sein Arm auf ihrem Po signalisiert große Intimität.

_f Mit dem Arm um ihre Schultern möchte er sie beschützen.

_g Liegt sein Arm um ihre Taille, zeigt er seinen Besitzanspruch.

Meistens bestimmt dabei der Mann die Art: Umarmt er sie beispielsweise um die Hüfte und legt seine Hand auf ihren Po, strahlen beide große Intimität aus [_e].

› Legt der Mann den Arm um die Schultern seiner Begleiterin, zeigt sich in dieser Geste sein Beschützerinstinkt: Er möchte sie auf diese Weise von Kopf bis Fuß vor allen Gefahren bewahren [_f].

› Seinen Besitzanspruch lässt der Mann erkennen, indem er seinen Arm um ihre Taille legt und sie an sich zieht [_g]. Er zeigt damit, dass sie (zu) ihm gehört.

Sie sehen schon: Sowohl das Händchenhalten als auch die Art, wie zwei Verliebte sich berühren, sagt viel über ihr Verhältnis aus. Für viele Paare ist Händchenhalten Balsam für die Seele und gehört einfach zum Paarsein dazu. Dennoch droht dieses ursprünglichste Symbol der Zuneigung langsam zu verschwinden. Laut Studien ergreifen Paare heutzutage immer seltener die Hand des anderen – wodurch die Bedeutung dieser Geste an sich wiederum gewachsen ist. Und das – wie wissenschaftliche Untersuchungen beweisen – ganz zu Recht: Denn das Händchenhalten ist nicht nur ein romantisches Zeichen für aufrichtige Verbundenheit, es hat auch erstaunliche Auswirkungen auf unser körperliches und seelisches Wohlbefinden.

Wie Studien der University of Virginia belegen, haben Berührungen allgemein eine direkte und positive Wirkung auf unser Nervensystem. Eine intakte und harmonische Beziehung mit regelmäßigem Körperkontakt – seien es auch nur kleine Gesten – kann uns vor Schmerzen und Stress-Hormonen schützen, die sich schädlich auf das Immunsystem auswirken. Mit anderen Worten: Hat man einen Partner, der einem die Hand hält – also für einen da ist –, braucht man nicht mehr so sehr auf Gefahren zu achten und beginnt instinktiv, sich sicher zu fühlen. Und dieses Gefühl von Sicherheit und Geborgenheit hat offensichtlich einen positiven Effekt auf unser gesamtes psychisches und physisches Befinden. Ein Grund mehr, öfter mal kleine intime Gesten auszutauschen – wie zum Beispiel die Hand Ihres Partners zu halten!

It's in his kiss!

Erinnern Sie sich noch, wie aufgeregt Sie vor Ihrem ersten Kuss waren – mit einem Kloß im Hals und allem Drum und Dran? Kein Wunder, schließlich ist ein Kuss eine sehr intime Möglichkeit, jemandem seine Zuneigung zu zeigen. Aber auch das Gegenteil: Das Verweigern eines Kusses kann ein deutliches Zeichen dafür sein, dass die betreffende Person Ihre Gefühle nicht erwidert oder sich emotional distanziert.

Doch wenn es schließlich zum Kuss kommt, sagt dieser viel aus … Achten Sie also mal darauf, wie Ihr Partner Sie küsst – daran können Sie seine wahren Absichten und Bedürfnisse erkennen:

› Der Wangenkuss ist ein relativ unverbindlicher Kuss, eine harmlose und zwanglose Art der Berührung – aber immerhin eine Berührung und kann daher in Liebesdingen als vorsichtige Annäherung gedeutet werden oder als liebevolle Geste.

› Der Vampirkuss ist der Kuss der Unsterblichkeit – mit diesem Kuss möchte der Küssende eine Ihrer verwundbarsten Stellen liebkosen – Ihren Halsbereich [_a]. Küsst er mit weit geöffneten Lippen Ihren Hals

_a

_b

_c

_d

_a Der Vampirkuss ist das Höchste an Wonne.

_b Mehr Inszenierung als Gefühle – der Hollywood-Kuss.

_c Ein Kuss mit geschlossenen Lippen und Augen zeugt von ehrlicher Zuneigung.

_d Ein schneller Kuss signalisiert Unsicherheit, aber auch Mut.

_e Respekt drückt ein liebevoller Kuss auf die Stirn aus.

und beißt auch leicht zu, dann ist es ein Zeichen für Begehren und sexuelles Verlangen.

› Mal ehrlich! Wie oft haben Sie schon von einem dieser legendären Hollywood-Küsse geträumt? Wenn er ihr tief in die Augen schaut, seine Hände fest um ihren Körper schlingt, sie an sich drückt und sich schließlich beider Lippen voller Begehren berühren [_b]. Nur kein Neid! Sie haben nichts verpasst, denn so ein Kuss ist mehr gespielt als echt – und damit Zeichen einer emotionalen Blockade.

› Beim Zuneigungs-Kuss wird mit geschlossenen Lippen und Augen geküsst, während sich der Körper eng an den des Partners lehnt [_c]. Dieser Kuss signalisiert tiefe und ehrliche Zuneigung. Wer sich dabei ankuschelt, offenbart ein sinnliches und liebevolles Wesen.

› Der Mut-Kuss ist ein schnelles Küssen auf den Mund, dem sogleich ein rasches Zurückweichen folgt [_d]. Dieser Kuss signalisiert Unsicherheit, gleichzeitig aber auch Mut, sich dem anderen zu nähern.

› Der Dornenvögel-Kuss – ein liebevoller Kuss auf die Stirn – zeigt weniger Begierde als vielmehr Respekt [_e].

› Beim Egoisten-Kuss drückt er seine zusammengepressten Lippen auf ihren Mund. Das mag vielleicht leidenschaftlich aussehen – tatsächlich aber entbehrt es jeglicher Leidenschaft. Vielmehr deutet so ein Kuss darauf hin, dass der Betreffende Angst vor Intimität hat und sich (noch) nicht fallen lassen möchte oder kann.

› Ein Basic-Instinct-Kuss – benannt nach dem berühmt-berüchtigten Film – ist ein Kuss mit offenem Mund. Wer so küsst,

info

_Küssen – das perfekte Beauty- Programm

Sie haben keine Lust, ständig ins Fitnessstudio zu rennen oder regelmäßig für die Kosmetikerin Geld auszugeben, wollen aber trotzdem fit und attraktiv aussehen? Dann küssen Sie! So oft es geht! Warum? Bei einem leidenschaftlichen Kuss verbrennen Sie 15 Kalorien pro Minute – das sind ganze 450 Kalorien pro halbe Stunde. Und vermutlich macht es Ihnen auch mehr Spaß, als sich auf dem Ergometer abzustrampeln ... Ein weiterer Nebeneffekt des Kuss-Trainings: Bei vollem Kuss-Einsatz werden bis zu 38 Muskeln trainiert und die Gesichtskonturen gestrafft.

Zudem haben Wissenschaftler herausgefunden, dass bei einem Kuss unsere Nervenenden und Lippen in einer Art und Weise stimuliert werden, dass es im Körper zu einer wahren Explosion kommt: Unser Puls steigt, Kreislauf und Stoffwechsel werden angeregt und Adrenalin und Glückshormone ausgeschüttet. Das heißt: Küssen macht uns glücklich und wirkt so vorbeugend gegen Stimmungstiefs!

möchte eine intensive Bindung aufbauen. Dieser Kuss zeugt mehr als jeder andere von Begehren und Leidenschaft.
Übrigens: Männer und Frauen unterscheiden sich auch beim Küssen grundlegend. 97 Prozent der Frauen, aber nur ein Drittel der Männer, schließen beim Küssen die Augen. Frauen empfinden einen Kuss scheinbar intensiver, wenn sie nicht durch äußere Einflüsse abgelenkt werden. Bei Männern dagegen steigert der Anblick der Geliebten offenbar die erotische Empfindung. Allgemein gelten die Küsser, die während des Kusses ihre Partnerin anblicken, als Realisten und die mit geschlossenen Augen als Romantiker.

Wie die Schlafhaltung, so die Liebe

In keiner anderen Situation schalten wir unsere bewusste Körpersprache so sehr aus wie beim Schlafen. Unsere Schlafstellung – besonders im Zusammenspiel mit dem Partner – kann sehr viel über die Beziehung aussagen, weil sie unseren wahren und unbewussten Empfindungen in der Partnerschaft entspricht. Die Art und Weise, wie ein Paar nebeneinander liegt und schläft, lässt also erkennen, wie groß beziehungsweise gering die Nähe zwischen beiden Partnern ist:

› Die Löffelchen-Haltung – die typische Schlafstellung frisch verliebter Paare – ist die innigste aller Schlafpositionen. Sich eng an den Partner zu schmiegen oder von diesem fest im Arm gehalten zu werden, schafft ein Gefühl sehr großer Nähe. Schläft ein Paar in dieser Position, ist eine große Vertrautheit vorhanden.

› Die Berühr-mich-nicht-Haltung ist das genaue Gegenteil zur Löffelchen-Position: eine Schlafhaltung, bei der jegliche Berührungen vermieden werden. Meist kehren sich hierfür beide Partner den Rücken zu. Dieser Abstand kann zum einen ein Zeichen dafür sein, dass auch sonst beide ihr eigenes Leben führen und es möglicherweise Probleme in der Partnerschaft gibt. Zum anderen ist aber auch oft dauerhafter Stress bei einem oder bei beiden Partnern der Grund für diese Schlafposition. Denn sie ermöglicht es dem Betreffenden, ganz mit sich zu sein und so die erforderliche Entspannung zu finden, die er für seine nächtliche Regeneration dringend benötigt.

› Die Po-an-Po-Haltung nehmen meist starke Persönlichkeiten ein, die ihr Leben mit Bravour meistern – wobei sich beide dennoch sehr wichtig sind. Daher ist diese Schlafstellung oft bei Paaren anzutreffen, die schon längere Zeit zusammen sind und langsam ihr wachsendes Bedürfnis nach Freiraum ausleben. Intimität auf der einen und Unabhängigkeit auf der anderen Seite zeigen sich bei dieser Schlafhaltung.

› Bei der Schutzengel-Haltung liegt einer der Partner – meist der Mann – auf dem Rücken, während sich seine Partnerin – halb auf der Seite, halb auf dem Bauch liegend – an ihn schmiegt und mit ihrem Arm seinen Oberkörper umfasst. Oft werden in dieser Haltung auch die Beine der beiden Schlafenden ineinander geschoben. Neben einem intensiven Gefühl der Zusammengehörigkeit demonstriert diese Position auch ein starkes Bedürfnis nach Schutz und Geborgenheit.

Neben all diesen Gesten und Haltungen, die ich Ihnen bis jetzt vorgestellt habe und die Sie täglich in den verschiedensten Situationen einnehmen, gibt es aber natürlich auch einige, denen Sie hoffentlich in Ihrem Beziehungsalltag nicht so häufig begegnen: nämlich alle Gesten, die Ihnen zeigen, dass nicht nur die Wahrheit im Spiel ist.

Lügen haben kurze Beine

Erinnern Sie sich noch, wie Sie sich als Kind beim Flunkern selbst verraten haben? Richtig! Sie haben die Hand vor den Mund gehalten, als wollten Sie die eben ausgesprochene Lüge nachträglich verhindern. Mit dem Erwachsenwerden haben wir uns diese offensichtliche Geste natürlich abgewöhnt – ein unbewusster Reflex ist uns aber trotzdem erhalten geblieben. Zum Vorschein kommt er dann, wenn wir nicht das sagen, was wir wirklich denken, oder jemanden regelrecht belügen. In so einer Situation halten wir uns dann zwar nicht mehr die Hand vor den Mund – wir entlarven uns aber stattdessen durch sogenannte verräterische Gesten:

› Generell deuten alle Gesten, bei denen wir das Gesicht oder den Hals berühren, nachdem wir etwas gesagt haben, darauf hin, dass wir nicht die (ganze) Wahrheit gesagt haben. Bei solchen Bewegungen wird der Reflex, die Hand vor den Mund zu halten, umgelenkt, und wir kratzen uns stattdessen zum Beispiel an der Nase [_a].

› Auch unruhige Körperbewegungen – Herumzappeln oder nervöses Herumspielen mit irgendwelchen Gegenständen – sind ein Zeichen dafür, dass jemand nicht so recht zu dem steht, was er sagt [_b].

› Äußert Ihr Partner verbal seine Zustimmung, nimmt etwa einen Vorschlag an, macht aber gleichzeitig eine wegwerfende Geste, verrät das: Er ist nicht wirklich einverstanden. Wie sieht so eine Geste aus? Er kann zum Beispiel ein Staubkorn von der Kleidung schnipsen, einen Stift oder einen anderen Gegenstand weglegen oder mit der Hand über seinen Mund fahren [_c].

_a

_b

_c

_d

_a Eine typische Verlegenheitsgeste: an die Nase fassen.

_b Wer an Gegenständen herumspielt, steht nicht zu dem, was er sagt.

_c Über den Mund wischen heißt: Jemand ist nicht einverstanden.

_d Wer seine Hände verknotet, ist nicht glaubwürdig.

_e Der Griff ans Ohr zeigt: Jemand nimmt das Gesagte übel.

_f Kein Blickkontakt: Ihr Gegenüber verheimlicht etwas.

Die gleichen Reaktionen können auch darauf hinweisen, dass jemand einer Frage gern ausweichen würde, die er als unangenehm empfindet.

› Wer Ihnen gegenüber beteuert »Ich bin für alles offen …«, aber keine offenen Handgesten zeigt (siehe Handgesten, Seite 38), sondern seine Hände verknotet, ist nicht wirklich glaubwürdig [_d].

› Greift Ihr Gegenüber sich ans Ohrläppchen, während Sie reden, ist es wahrscheinlich nicht unbedingt einverstanden mit dem, was Sie sagen [_e]. Eine solche Geste wird auch als »Bestrafungsgeste« bezeichnet. Laut Psychologen und Verhaltensforschern wird dieser Griff nämlich dann ausgeführt, wenn man dem anderen etwas übel nimmt.

› Wenn jemand verspricht, etwas zu erledigen, sich um etwas zu kümmern oder Ihnen zu helfen, während er die Arme verschränkt hält oder die Hände in die Hosentaschen steckt, dann hat der Betreffende nicht ernsthaft vor, in Aktion zu treten (siehe Armbarrieren, Seite 22 f.).

Unsere Körperhaltung und unsere Gesten können uns also in manchen Situationen regelrecht entlarven. Das Gleiche gilt auch für unsere Mimik, mit der wir unbewusst Signale senden oder zu erkennen geben, dass wir nicht sagen, was wir wirklich denken. Bei einer verräterischen Mimik können schon kleinste Zuckungen unserer Gesichtsmuskulatur oder ein Augenblinzeln bei unserem Gegenüber den Eindruck erwecken, wir würden etwas vortäuschen oder verheimlichen.

Anhand der folgenden Signale können Sie leicht herausfinden, ob Ihr Partner Ihnen vielleicht nicht die ganze Wahrheit sagt:

› Ein auffällig häufiges Augenzwinkern ist ein sicheres Zeichen dafür, dass das Gesagte nicht der vollen Wahrheit entspricht. Denn ein echter, längerer Blickkontakt ist demjenigen, der flunkert, unangenehm und wird so verhindert. Die Steigerung davon ist das vollständige Vermeiden des Blickkontakts [_f]: Der andere kann Ihnen sprichwörtlich »nicht in die Augen sehen«, weil er etwas verheimlicht oder aufgrund einer Lüge ein schlechtes Gewissen hat. Den gleichen Grund hat es, wenn Ihr Partner die Augen – wenn auch nur kurz – vollständig schließt. In diesem Moment hat er wahrscheinlich etwas Unwahres gesagt oder etwas Wahres abgestritten.

› Ebenso wie ein spontanes Geschenk oft nicht nur Freude, sondern auch unser Misstrauen weckt, weil wir dahinter ein schlechtes Gewissen vermuten, sollten uns auch übertriebene Gesichtsausdrücke misstrauisch machen. Ein übermäßig breites und damit unnatürliches Lächeln zum Beispiel versucht meist etwas zu überspielen, das tatsächlich weniger zum Lachen ist (siehe unechtes Lächeln, Seite 12).

Doch so weit muss es nicht kommen, wenn Sie bestimmte Warnsignale früh genug erkennen, um Ihrer Beziehung wieder neues Leben einzuhauchen.

Typische Warnsignale

Warnzeichen, die Unstimmigkeiten in Ihrer Partnerschaft oder sogar eine Beziehungskrise ankündigen, fallen nicht immer eindeutig aus. Daher ist es manchmal nicht ganz einfach, diese Zeichen zu deuten. Wenn Sie je doch regelmäßig auf die Körpersprache Ihres Partners achten,

_a Wer einen Kuss verweigert, ist auch emotional abgeneigt.

_b Ist Ihr Partner körperlich angespannt, ist er meistens auch emotional nicht entspannt.

_c Abwehrende Gesten schaffen Distanz.

können Sie negative Entwicklungen frühzeitig erkennen und so der Beziehungsfalle entgehen. Aufmerksam sollten Sie werden, wenn Sie im Verhalten Ihres Partners folgende Signale bemerken:

› Ihr Partner wendet sich häufig von Ihnen ab, verweigert Ihnen einen Kuss oder Berührungen an sich [_a]? Das sollte Ihnen zu denken geben – vor allem, wenn sich dieses Verhalten über einen längeren Zeitraum erstreckt: Damit tritt er eindeutig den Rückzug an – körperlich wie emotional. Versuchen Sie mit leichten, subtilen Berührungen wieder eine körperliche Nähe herzustellen. Aber bedrängen Sie Ihren Partner nicht und respektieren Sie seine Distanzzone, sonst erreichen nur das Gegenteil – weiteren Rückzug.

› Steht Ihr Partner neuerdings beim Gespräch mit durchgedrückten Knien vor Ihnen? Dann versuchen Sie herauszufinden, weshalb er in Ihrer Gegenwart plötzlich – im wahrsten Sinne des Wortes – strammsteht und nicht so locker und entspannt ist wie sonst [_b].

› Achten Sie darauf, ob Ihr Partner im Gespräch häufig wegschiebende oder wegwerfende Gesten der Arme und Hände zeigt [_c]. Dann scheint er sich von dem, was Sie sagen und tun, distanzieren zu wollen und ist nicht unbedingt an einem Konsens interessiert. Machen Sie jetzt nicht den Fehler, ähnlich zu reagieren und abzublocken, weil das Verhalten Ihres Partners Sie verletzt. Steuern Sie stattdessen mit einer freundlichen und offenen Körpersprache gegen und versuchen Sie, mögliche unausgesprochene Konflikte im direkten Gespräch zu klären.

› Die klassische Distanzzone eines Menschen beträgt eine Armlänge, bei Liebenden natürlich weniger. Geht Ihr Partner auf Abstand zu Ihnen, ist das ein Zeichen dafür, dass er sich in der Beziehung nicht – oder nicht mehr – wohlfühlt oder dass er an Vertrauen verloren hat. Machen Sie einen vorsichtigen Versuch, die Distanz wieder zu verringern – aber ohne ihm unangenehm auf die Pelle zu rücken. Die Gründe für sein Verhalten erfahren Sie am besten auf dem Weg der verbalen Kommunikation.

› Ein Lächeln kann niemals täuschen und entlarvt daher auch sofort jemanden, dem eigentlich gar nicht danach zumute ist. Zeigt Ihnen Ihr Partner also lediglich ein kurzes, gezwungenes Lächeln, können Sie davon ausgehen, dass er Ihnen etwas vormacht (siehe unechtes Lächeln, Seite 12).

Sie sehen also, wenn Sie aufmerksam bleiben und meine Tipps berücksichtigen, dann können Sie sicher viele Unstimmigkeiten bereinigen, bevor daraus größere Konflikte entstehen. Doch auch dann hilft Ihnen die Körpersprache weiter.

So entschärfen Sie Konflikte

Wer kennt das nicht: Aus einer kleinen, unwichtigen Lappalie entwickelt sich im Beziehungsalltag schnell mal eine Grundsatzdiskussion, bei der ein Wort das andere gibt, und schon ist man mitten drin in einem handfesten Streit. Dort wieder herauszukommen ist oft gar nicht so einfach, auch wenn der Anlass eigentlich nicht der Rede wert war – und häufig geht auf diesem Wege leider auch ein Stück Nähe zum Partner verloren. Um so eine Situation erst gar nicht entstehen zu lassen oder auch um eine Eskalation zu vermeiden, hilft Folgendes: Geben Sie sich Mühe, sachlich und vernünftig zu argumentieren – ohne zu emotional zu werden. Und setzen Sie bewusst körpersprachliche Signale ein! Denn auch sie tragen dazu bei, einen Konflikt zu entschärfen, und verhindern, dass Sie sich gegenseitig verletzen. Solche Signale sehen beispielsweise so aus:

› Offenheit ist das A und O, damit ein kleiner Streit nicht in der Katastrophe endet. Natürlich ist in einer Diskussion jeder schnell dabei, auf seinem Standpunkt zu beharren und für die Argumente des anderen unzugänglich zu werden – zur Konfliktlösung trägt dieses Verhalten aber nicht bei. Signalisieren Sie Ihrem Partner stattdessen Ihre Offenheit – selbst wenn Sie nicht seiner Meinung sind. Mit einem echten und herzlichen Lächeln Ihrerseits können Sie ihn vielleicht aus der Reserve locken. Wenn nicht, fragen Sie nach, warum Ihrer besseren Hälfte nicht zum Lachen zumute ist. Wichtig ist dabei vor allem, dass Sie Ihre Bereitschaft zeigen, auf den anderen zuzugehen und eine gemeinsame Lösung zu finden: Zeigen Sie beim Sprechen Ihre Handflächen und nicht Ihre Handrücken. Vermeiden Sie negative Armbewegungen, die von oben nach unten verlaufen, und achten Sie stattdessen auf positive, aufwärts verlaufende Gesten (siehe Seite 38).

› Wie schon beim Flirten geht auch beim Streiten nichts ohne Blickkontakt (siehe Seite 15). Dafür gibt es einen einfachen Grund: Während eines Konfliktes herrscht zwischen Ihnen und Ihrem Partner ohnehin schon eine größere Distanz als sonst. Halten Sie deshalb unbedingt den Blickkontakt zueinander aufrecht, um die Verbindung zwischen Ihnen aus körpersprachlicher Sicht nicht komplett abreißen zu lassen. Noch dazu signalisieren Sie Ihrem Partner durch einen festen Blick, dass es Ihnen ernst ist mit dem, was Sie sagen.

› Auch wenn Sie in einer Grundsatzdiskussion völlig anderer Meinung sind als Ihr Partner: Hören Sie ihm zu! Schließlich erwarten Sie auch von ihm, dass er sich Ihre Sicht der Dinge anhört – und nur so können Sie einen gemeinsamen Nenner finden. Um dem Partner deutlich zu zeigen, dass Sie an seiner Meinung interessiert sind, genügen schon ein paar simple Signale: beispielsweise während des Zuhörens eine Hand ans Kinn legen, hin und wieder mit dem Kopf nicken, den anderen direkt ansehen und sich ihm ganz zuwenden. Damit zeigen Sie, dass Sie sich auf das Gesagte konzentrieren und ernsthaft darüber nachdenken [_a].

› Der Mann steht am Fenster, die Frau sitzt auf dem Sofa, und beide diskutieren seit Stunden und drehen sich nur im Kreis. Kein Wunder, denn eine Auseinandersetzung innerhalb der Beziehung verlangt auch eine nonverbale Konfrontation mit dem Partner. Paare, die sich während eines Streits visuell nicht wahrnehmen, sind auch weniger oder gar nicht empfänglich für die verbalen Aussagen des anderen [_b]. Positionieren Sie sich deshalb unbedingt im Blickfeld Ihres Partners und wenden Sie sich ihm möglichst immer

_a Aufmerksames Zuhören signalisiert Kompromissbereitschaft.

_b Fatal für jeden Streit: Wenn sich einer oder beide wegdrehen, sodass kein Blickkontakt entstehen kann.

frontal zu – nur dann wird und kann er sich wirklich mit Ihnen auseinandersetzen. Wenn sich zwei Streithähne einander zuwenden, kann das auf jeden Fall dazu beitragen, eine festgefahrene Situation leichter zu lösen. Deshalb: Kommen Sie Ihrem Partner entgegen – nicht nur was die Inhalte der Auseinandersetzung betrifft, sondern auch in räumlicher Hinsicht. Gehen Sie – im wahrsten Sinne des Wortes – einen Schritt auf den anderen zu oder beugen Sie sich ihm im Sitzen mit dem Oberkörper etwas entgegen. Dadurch signalisieren Sie, dass Sie nicht um jeden Preis auf Ihrem Standpunkt beharren, sondern dass Ihnen eine gemeinsame Lösung am Herzen liegt. So eine Körpersprache zeigt nämlich eindeutig Entgegenkommen und Kompromissbereitschaft!

› Auch kleine Berührungen können in einer Konfliktsituation wahre Wunder wirken. Probieren Sie es aus und berühren Sie Ihren Partner bei der nächsten Diskussion am Unterarm oder legen Sie Ihre Hand auf seine (siehe verringerte Distanzzone, Seite 57 f.).

Sie werden erstaunt sein, wie sehr so eine kleine Geste dazu beitragen kann, wieder mehr Nähe herzustellen und dadurch einen Streit zu entschärfen. Wie lässt sich das erklären? Ganz einfach: Durch die beiläufige Berührung Ihres Partners erinnern Sie diesen – selbst in einer Situation, in der Sie sich wie Fremde oder zumindest Kontrahenten gegenüberstehen – an die Nähe und Verbundenheit, die eigentlich zwischen Ihnen besteht. Auf Ihr Entgegenkommen hin fällt es auch ihm leichter, Ihnen wieder einen Schritt entgegenzugehen – sowohl körperlich als auch inhaltlich.

Doch Vorsicht! Dieses Verhalten hat nicht bei jedem Partner die gleiche – positive – Wirkung! Es gibt Menschen, die gerade während einer Auseinandersetzung mit dem Partner das Bedürfnis nach einem gewissen körperlichen Abstand haben. Sie drücken damit nur die emotionale Distanz aus, die in diesem Moment zwischen beiden Partnern besteht. In einem solchen Fall sollten Sie dieses Bedürfnis ernst nehmen und ebenfalls etwas auf Abstand gehen. So zeigen Sie dem anderen, dass Sie seinen Wunsch nach Distanz respektieren und akzeptieren. Signalisieren Sie ihm Ihr Entgegenkommen auf andere Weise – zum Beispiel durch kleine Gesten: ein verständnisvoller Blick, ein warmes Lächeln oder auch positive Handbewegungen. Und warten Sie auf jeden Fall so lange ab, bis Ihr Partner Ihnen eindeutige Signale sendet, dass er nun wieder eine größere Nähe zulassen möchte – sowohl körperlich als auch emotional. Denn dann ist er auch wieder offen für Sie, und die Meinungsverschiedenheit lässt sich sicher schnell aus der Welt schaffen!

Doch um es erst gar nicht so weit kommen zu lassen, beobachten Sie am besten regelmäßig die Körpersprache Ihres Partners. Dann können Sie typische Anzeichen für eine kritische Phase in Ihrer Beziehung rechtzeitig erkennen und entsprechend darauf reagieren. Achten Sie außerdem auf Ihre eigene Körpersprache: Senden Sie immer mal wieder positive Signale! Lassen Sie Ihrem Partner täglich Zeichen der Aufmerksamkeit zukommen, denn auch kleine Gesten zeigen große Wirkung. Und so kann selbst eine langjährige Partnerschaft anregend und befriedigend für beide sein!

Lügendetektor

_was der Körper spricht: Während Ihr Partner, Freund oder Ehemann Ihnen etwas erzählt, fasst er sich häufig an die Nase und wirkt offensichtlich nervös.

_was der Körper verrät: Ganz klar: Er sagt nicht die (ganze) Wahrheit. Denn wie kleine Kinder, die sich beim Flunkern oft die Hand vor den Mund halten, zeigen auch Erwachsene noch verlegene Gesten, wenn sie schwindeln.

Lügendetektor

_was der Körper spricht: Ihr Gegenüber äußert sich positiv auf eine Frage oder erklärt sich einverstanden, greift sich aber gleichzeitig ans Ohr.

_was der Körper verrät: Der Griff ans Ohr ist ein relativ sicheres Zeichen, dass eine verbale Aussage nicht dem entspricht, was die betreffende Person wirklich denkt. Sie sagt zwar »Ja«, ist aber tatsächlich von Ihrem Vorschlag nicht überzeugt.

Lügendetektor

_was der Körper spricht: Während Sie mit Ihrem Partner diskutieren, wendet er sich mit dem Körper ab und schaut in eine andere Richtung.

_was der Körper verrät: Ihr Partner will sich mit Ihnen beziehungsweise Ihren Argumenten nicht wirklich auseinandersetzen. Denn dazu ist auch eine körperliche Konfrontation notwendig, bei der sich beide einander zuwenden und vor allem Blikkontakt halten.

Lügendetektor

_was der Körper spricht: Sie unterhalten sich mit Ihrem Freund, doch er vermeidet dabei ständig den direkten Blickkontakt.

_was der Körper verrät: Leider wahr: Wenn Ihr Partner Sie während eines Gesprächs nicht ansehen kann und Ihren Blicken permanent ausweicht, will er meistens etwas verheimlichen.

Lügendetektor

_was der Körper spricht: Beim Händchenhalten hält Ihr Partner Ihre Hand fest in seiner und sein Handrücken zeigt dabei nach vorne.

_was der Körper verrät: Wer die Hand seiner Liebsten so festhält, dass der eigene Handrücken nach vorne zeigt, sieht sich selbst gern als den Starken und vor allem den Führenden in der Beziehung.

Lügendetektor

_was der Körper spricht: Ihr Partner hält Ihre Hand immer nur locker an den Fingerspitzen fest.

_was der Körper verrät: Ergreift er nicht Ihre ganze Hand, sondern nur die Fingerspitzen, bleibt Ihr Partner auf Distanz und fühlt sich Ihnen (noch) nicht innig verbunden.

Lügendetektor

_was der Körper spricht: Sie möchten Ihrem Freund beim Abschied einen zärtlichen Kuss geben. Doch er wendet den Kopf ab und hält Ihnen nur die Wange hin.

_was der Körper verrät: Ein deutliches Warnsignal: Wer einen Kuss ablehnt und den Kopf wegdreht, ist in der Regel auch emotional abgeneigt und möchte keine allzu große Intimität entstehen lassen.

Lügendetektor

_was der Körper spricht: Ihre Freundin hält im Gespräch ihre Hände immer wieder so, als wolle sie etwas wegschieben.

_was der Körper verrät: Ein klassisches »Stop-Zeichen«: Macht jemand so eine abwehrende Geste, versucht er Distanz zu schaffen und würde wohl am liebsten auch sein Gegenüber wegschieben.

Souverän und überzeugend – auch im Job

Die meiste Zeit unseres Lebens verbringen wir am Arbeitsplatz. Und der Job verlangt nicht nur eine Menge Zeit von uns, sondern stellt auch immer größere Anforderungen. Allem voran ein hohes Maß an Kommunikationsbereitschaft und -fähigkeiten. Neben den berufsspezifischen Qualifikationen erwarten die meisten Unternehmen von ihren Mitarbeitern heutzutage auch ein geschultes Auftreten vor den unterschiedlichsten Zielgruppen. Denn was nützen die besten Qualifikationen, wenn Sie nicht selbstsicher auftreten und Ihre Fachkenntnisse nicht optimal darstellen können?

Die sogenannten weichen Faktoren spielen also eine entscheidende Rolle, um im heutigen Arbeitsleben die Nase vorn zu haben. Selbstbewusst, zielstrebig und energisch – so möchte vermutlich jeder gerne wirken, selbst wenn er sich tatsächlich unsicher, schüchtern oder überfordert fühlt. Doch daran lässt sich arbeiten! Dafür bieten sich beispielsweise professionelle Kurse oder ein individuelles Coaching an – aber auch schon eine geschickt eingesetzte Körpersprache bringt Sie einen entscheidenden Schritt vorwärts. Denn wenn Sie bestimmte Gesten und Signale gezielt verwenden, ist ein souveräner und überzeugender Auftritt für Sie kein Problem mehr. Gelingt es Ihnen darüber hinaus noch, die Signale anderer richtig zu interpretieren, steht Ihrem beruflichen Erfolg nichts mehr im Wege. Ob Geschäftspartner, Kollegen oder Vorgesetzte – Sie wissen sie richtig einzuschätzen und haben daher in Verhandlungen, Präsentationen und Mitarbeitergesprächen einen eindeutigen Vorteil.

Frauen sind anders? Männer auch!

Wieder einmal versucht der fünfjährige Max seiner gleichaltrigen Schwester Lisa den Sandkübel aus der Hand zu reißen. Er zieht und zerrt, bis Lisa schließlich weinend aufgibt. »Typisch Junge«, denkt sich die Mutter – und hat damit gar nicht so unrecht. Bei Jungen beginnt schon in einem sehr frühen Alter ein gewisses Konkurrenzdenken und Wettbewerbsverhalten. Lange Zeit ging man davon aus, dass Eltern – oder auch andere Vorbilder wie Erzieher und Lehrer – den Kindern die gängigen Klischees vorleben und damit das Verhalten der Kinder in traditionelle Bahnen lenken. Neueste Erkenntnisse zeigen jedoch, dass diese Umwelteinflüsse nur eine nachrangige Rolle spielen und die Hauptursache für das »typisch männliche« und »typisch weibliche« Verhalten in unseren Genen liegt.

Das heißt also: Frauen und Männer sind tatsächlich verschieden. Und das ist auch gut so. Oder vielleicht doch nicht? Diese Unterschiede sind immerhin der Grund dafür, dass Frauen in einigen Lebensbereichen noch immer mit erheblichen Nachteilen zu rechnen haben. Zum Beispiel im Berufsleben: Hier sind Frauen nach wie vor gefordert, sich gegen die männliche Dominanz durch- und für Chancengleichheit einzusetzen.

Frauen und Männer: Synergien nutzen

Auf vielen aktuellen Artikeln und Büchern prangen Schlagzeilen wie »Frauen sind auf dem Vormarsch« oder Ähnliches. Kein Wunder, denn der demografische Wandel führt dazu, dass in naher Zukunft weitaus mehr Frauen auf dem Arbeitsmarkt mitmischen werden als es noch heute der Fall ist. Warum auch nicht? Schließlich sind Frauen gleich gut oder in manchen Bereichen sogar besser qualifiziert als Männer, verfügen über eine hohe soziale Kompetenz und eine ausgeprägte Fähigkeit zu vernetztem Denken.

Studien bestätigen, dass Teams am kreativsten sind, in denen Frauen und Männer zusammenarbeiten. Der Vorteil liegt auf der Hand: Beide betrachten eine Aufgabe aus unterschiedlichen Blickwinkeln und kombinieren ihre unterschiedlichen Ansätze – im Ergebnis ist das eine ideale Ergänzung der unterschiedlichen Fähigkeiten und Kompetenzen. Zusätzlich wird durch eine gemischte Belegschaft das Image eines Unternehmens aufgewertet und das Betriebsklima verbessert. Somit gibt es zahlreiche Faktoren, die für ein ausgewogenes Verhältnis von Frauen und Männern sprechen – auch oder gerade in höheren Berufsetagen. Und damit drängt sich die Frage auf, warum noch immer so wenige Spitzenpositionen mit Frauen besetzt sind. In Deutschland sind gerade mal zwölf Prozent der Führungspositionen in weiblicher Hand. Amerika, die skandinavischen Länder und Frankreich dagegen liegen alle über dem weltweiten Durchschnitt von 22 Prozent und gelten daher als Vorreiter in Sachen weiblicher Führung. Dafür sind sicherlich verschiedene Faktoren verantwortlich, doch möglicherweise gelingt es den Frauen in diesen Ländern besonders gut, sich optimal zu präsentieren und sich so gegen ihre männliche Konkurrenz durchzusetzen – unter anderem sicher auch mit Hilfe ihrer Körpersprache!

Frauen und Männer ticken unterschiedlich

Dass Frauen im Beruf häufiger den Kürzeren ziehen, hängt meistens mit den angeborenen Verhaltenstendenzen beider Geschlechter zusammen – vor allem mit dem ausgeprägten Selbstbewusstsein und den erfolgreichen Durchsetzungsstrategien von Männern. Schon allein der Glaube daran, der beste Kandidat für eine berufliche Position zu sein, verleiht dem männlichen Auftreten seine Überzeugungskraft. Männer stufen ihre Leistungen und Fähigkeiten erheblich besser ein als Frauen das tun – wenn auch manchmal mit einem leichten Hang zur Selbstüberschätzung. Außerdem ist das starke Geschlecht wesentlich beharrlicher und gibt nicht so schnell auf. Frauen lassen sich schneller entmutigen, unterschätzen sich häufiger und haben oft Probleme damit, sich überzeugend darzustellen. Doch warum ist das so? Wie Studien belegen, haben Männer mehr Spaß an Konkurrenzsituationen und nutzen vorhandene Statusunterschiede als persönlichen Antrieb, während Frauen tendenziell eher ausgeglichene Verhältnisse anstreben und Wettbewerben lieber aus dem Weg gehen. Doch Konkurrenz belebt bekanntlich das Geschäft und ist außerdem ein Faktor, der in der Wirtschaft nicht wegzudenken ist. Will also eine Frau beruflich vorankommen, muss sie an ihrer selbstbewussten Einstellung arbeiten und darf Wettbewerbssituationen nicht scheuen – zumindest solange das Geschäftsleben noch so eine männerorientierte Domäne ist.

Und da es nun einmal eine Tatsache ist, dass Männer und Frauen anders ticken, hilft es allen weiter, wenn beide nicht gegeneinander arbeiten, sondern miteinander, und ihre Unterschiede als eine sinnvolle Ergänzung sehen und nutzen. Das heißt: Bis zu einem gewissen Grad ist es für Frauen ratsam, sich männliche Verhaltensmuster anzueignen. Doch dabei sollten sie nicht so weit gehen, dass sie sich zu hundert Prozent dem beruflichen Gebaren der Männer anpassen. Denn wenn Sie als Frau nur noch versuchen, wie ein Mann zu funktionieren, und aufhören, weiblich zu denken, berauben Sie sich Ihrer Identität und Ihrer Stärken und wirken nicht mehr authentisch. Doch wie kann es Ihnen trotzdem gelingen, sich im Job von Ihrer besten Seite zu präsentieren?

Sie sind gut – zeigen Sie es!

Denken Sie daran: Das Geheimnis Ihres Erfolgs liegt nicht nur in Ihren Qualifikationen. Denn unser Auftreten wird zu 80 Prozent durch unsere Körpersprache bestimmt. Alleine durch eine souveräne Ausstrahlung schaffen wir es, durchsetzungsfähiger zu wirken – und es dann tatsächlich auch zu sein. Nicht umsonst haben Männer bereits aufgrund ihres selbstbewussten Auftretens mehr Erfolg – allein dadurch, dass sie ihrer Umgebung suggerieren, wie erfolgreich sie sind. Daher: Bewerben sich auf dieselbe Stelle eine Frau und ein Mann, wird in den meisten Fällen

_a Sehen Sie sich das Foto in Ruhe an: Wen würden Sie befördern – die Kollegin oder den Kollegen?

der Mann bevorzugt. Männer kriegen für die gleiche Arbeit mehr Geld, sie setzen häufiger ihren Kopf durch und lassen sich nicht unterbuttern. Und das, obwohl Frauen ebenso gute Kompetenzen besitzen. Woran liegt das? Ganz einfach! Beobachten Sie Frauen und Männer einmal genau: Es liegt an ihrer Körpersprache! Die Geschlechter präsentieren sich allein durch ihre Körper sehr verschieden – in Stand, Haltung und Bewegung [_a].
Schon deshalb lohnt es sich als Frau besonders, auch einmal die eigene Haltung und Ausstrahlung zu reflektieren.

Überzeugen Sie durch Ihre Sitzhaltung

› Zeigen Sie eine offene und aktive Sitzhaltung: Nehmen Sie den Stuhl, auf dem Sie sitzen, ganz ein und sitzen Sie nicht – wie zum Sprung – nur auf der Stuhlkante (siehe Sitzhaltungen, Seite 131 ff.).

› Legen Sie hin und wieder die Arme locker auf die Stuhllehnen oder – falls nicht vorhanden – auf die Tischkante, damit Ihre natürliche Gestik zum Tragen kommt. Achten Sie darauf, dass Sie Ihre Hände nicht verknoten oder schüchtern zwischen den Beinen vergraben.

› Überprüfen Sie immer wieder: In welcher Haltung fühle ich mich wohl? Was steigert meine Sicherheit? Locker übereinandergeschlagene Beine oder beide Füße fest auf dem Boden?

Zeigen Sie einen souveränen Stand

› Entspannt und unverkrampft wirkt eine leicht gegrätschte Beinhaltung, bei der die Füße beckenbreit stehen. Hin und wieder ist auch der Wechsel von Stand- und Spielbein erlaubt – jedoch nicht zu häufig, denn das gleicht eher einem unruhigen und nervösen Tänzeln.

- Machen Sie sich durch eine schlechte Körperhaltung nicht kleiner als Sie sind. Achten Sie daher auf eine gerade, aufrechte Haltung, die aber nicht starr, sondern lässig und souverän wirkt (siehe Seite 21 ff.).
- »Kopf hoch, Brust raus«, sollte Ihre Devise lauten! Stellen Sie sich vor, Sie wären eine Adelsfrau, die mit aufrechtem Gang und erhobenem Haupt dahinschreitet. Und gerade dann, wenn Sie sich von der Welt unverstanden fühlen und sich am liebsten zurückziehen würden, sollten Sie den Kopf etwas höher tragen und zu sich stehen. Denn eine selbstbewusste Körperhaltung beeinflusst auch Ihr Denken und Fühlen positiv.
- Wohin mit den Händen? Verstecken Sie Ihre Hände nicht hinter dem Rücken und vergraben Sie sie auch nicht in den Hosen- oder Jackentaschen. Das heißt nicht, dass Sie nicht hin und wieder eine Hand locker in die eine oder andere Tasche stecken können. Nutzen Sie dann aber die andere Hand, um Ihre Worte durch eine natürliche Gestik zu unterstreichen.

Mit diesen einfachen Grundregeln können Sie schon viel für einen selbstbewussten Auftritt tun. Doch natürlich gibt es im Berufsleben noch ein paar Feinheiten bei der Körpersprache, die jeder beherrschen oder kennen sollte – Männer wie Frauen.

Übrigens: Eine selbstbewusste Haltung – ob im Sitzen oder Stehen – hängt unter anderem auch von Ihrem Outfit ab. Wählen Sie auf jeden Fall Kleidung, in der Sie sich wohlfühlen, die zu Ihrem Typ passt und die der Situation angemessen ist. Denn: Müssen Sie sich über Ihr Outfit keine Gedanken machen, haben Sie den Kopf frei für das Gespräch mit Ihren Kollegen und wirken nicht verkrampft, weil Sie ständig an sich herumzupfen.

Gedanken lesen im Business

»Gesten sind das Fenster zum Denken«, sagte schon David McNeil, der berühmte Jazzmusiker und Sohn von Marc Chagall. Ein treffende Beschreibung dafür, dass Körper und Sprache eine untrennbare Einheit bilden. Ohne den Einsatz von Händen und Armen zu sprechen, ist für viele Menschen undenkbar und würde die Kommunikation um einiges erschweren. Bereits mit neun Monaten sind wir in der Lage uns durch Gesten auszudrücken – manche sind uns angeboren, andere lernen wir ab dem Kleinkindalter dazu, indem wir unsere Umgebung beobachten. Gesten erleichtern unsere Kommunikation – in jedem Alter. Achten Sie deshalb in Zukunft bewusst auf die Hand- und Armbewegungen Ihrer Gesprächspartner – sie sind sehr aufschlussreich! Bereits Friedrich Nietzsche hat das auf den Punkt gebracht: »Man lügt zwar mit dem Mund, doch durch das, was man dabei macht, sagt man doch die Wahrheit.« Wie recht er damit hat, zeigt unsere Gestik besonders gut.

Zeigt her eure Hände ...

Unsere Hände sind unsere wichtigsten Werkzeuge, ohne die wir die einfachsten Alltagstätigkeiten nicht ausüben könnten. Daher ist es auch nicht weiter verwunderlich, dass sie auch in unserer Kommunikation unverzichtbar sind. Denn Handgesten können sehr viel über unsere Emotionen und Gedanken und auch über die unseres Gegenübers verraten: Sie unterstreichen, was wir sagen, oder aber widerlegen unsere Worte.

› Fest zusammengepresste und an den Körper angelegte Hände lassen auf Unsicherheit und Frustration bei Ihrem Gesprächspartner schließen [_a].

› Zusammengedrückte Handflächen, wobei die Hände in Richtung des Gegenübers weisen, wollen überzeugen oder freundlich eine Sache untermauern [_b].

› Zu einem Dach geformte Hände signalisieren deutlich, dass sich der Gesprächspartner seines Wissens und seiner selbst sehr sicher ist [_c].

› Auch wenn Ihr Gesprächspartner die Hände locker hinter dem Rücken zusammenlegt, fühlt er sich Ihnen ganz offensichtlich überlegen [_d].

› Zeigen die Handflächen nach oben und sind offen, kann der Sprecher sowohl etwas geben als auch etwas nehmen. Er unterstreicht mit dieser Geste das Gesagte oder aber bittet unbewusst um Bestätigung für seine Worte [_e].

› Greift eine Hand ums Handgelenk der anderen, ist das in der Regel ein Ausdruck von Enttäuschung [_f].

› Wandert die Hand dagegen an den Oberarm, können Sie davon ausgehen, dass bei dieser Person Wut und Aggression aufkommen [_g].

_a zusammengepresste Hände

_b zusammengedrückte Handflächen

_c

_d

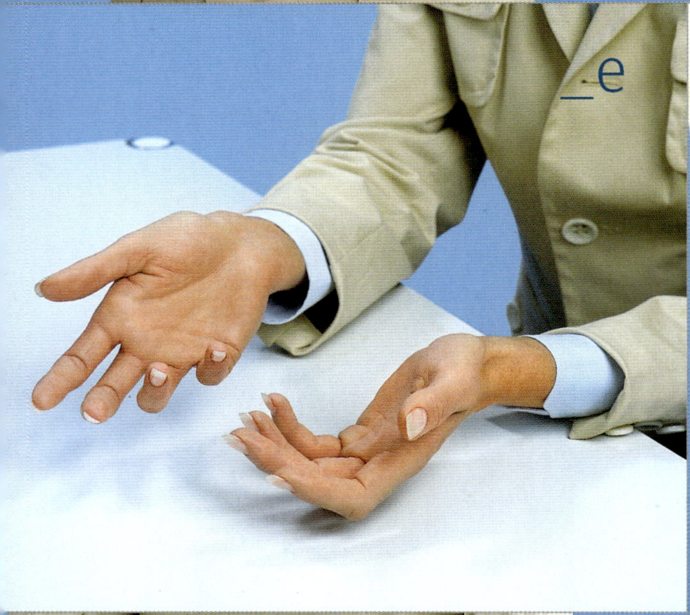
_e

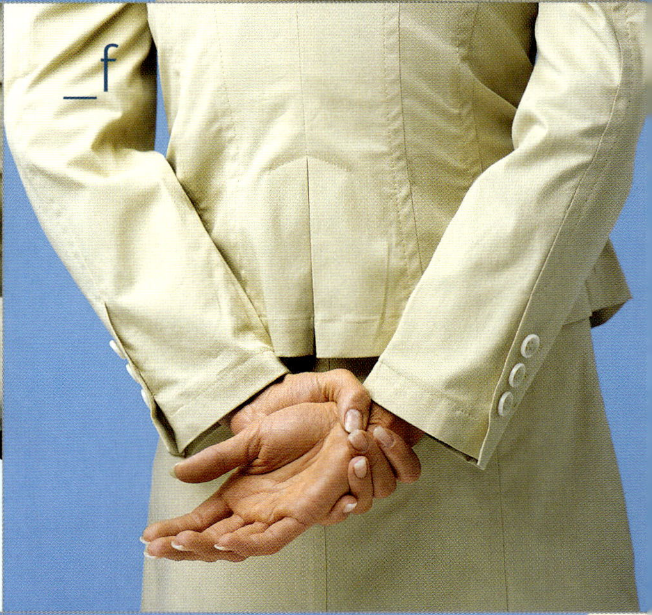
_f

_g

_h

_c Hände bilden ein Dach

_d Hände locker zusammengelegt

_e offene Handflächen

_f Griff um das Handgelenk

_g Griff um den Arm

_h die »Pistole«

_i Finger »igelartig« aufgestellt

› Die »Pistole« – eine Fingerhaltung, bei der mit dem Zeigefinger auf das Gegenüber gezeigt wird – gilt ebenfalls als ein Zeichen von Aggression. Diese Geste wirkt außerdem sehr autoritär [_h].

› Werden ineinander verknotete Finger im Gespräch plötzlich wie zu einem Igel aufgestellt, so erkennen Sie darin eine klare Abwehrhaltung [_i].

Wenn Finger sprechen …

Genauso aufschlussreich und mindestens so vielfältig wie die Gesten, die wir mit den Armen und den Händen zeigen, sind die Bewegungen der einzelnen Finger oder deren Kombination.

Der Daumen

Der Daumen ist der Finger, mit dem wir am meisten Kraft ausüben können – mit dem Daumen können wir im wahrsten Sinne des Wortes etwas aus- oder zerdrücken. Kein Wunder also, dass er auch in körpersprachlicher Hinsicht Macht und Kraft signalisiert und somit auch unter den Fingergesten eine »mächtige« Position innehat.

Der nach oben gestreckte Daumen ist das eindeutige Zeichen für Zustimmung. Auf diese Weise geben wir unser »OK« [_a]. Reibt der Daumen dagegen an einer Fläche, wird unbewusst etwas »klein gemacht«, die betreffenden Gesprächsinhalte werden also eher gering geschätzt. Und umschließen die anderen Finger der gleichen Hand den Daumen, wird Bereitschaft zu handeln unterdrückt [_b].

Der Zeigefinger

Der Zeigefinger ist neben dem Daumen der wichtigste Finger, weil er am häufigsten für Fingergesten genutzt wird. Er gilt dabei generell als ein Symbol für Willens- und Handlungsbereitschaft. Je nach Fingerhaltung variieren die Aussagen der Gesten jedoch stark:

Wird der Zeigefinger – oder in diesem Falle auch »Denkfinger« genannt – an den Nasenflügel gelegt, heißt das: Ich überlege (noch)! Ein Zeigefinger hingegen, der nur an den Nasenflügel tippt, gilt als »Geheimnisfinger«. Und zwar deshalb, weil in der Lehre der Psychophysiognomie die Nasenlöcher als Informationskanal gelten, über

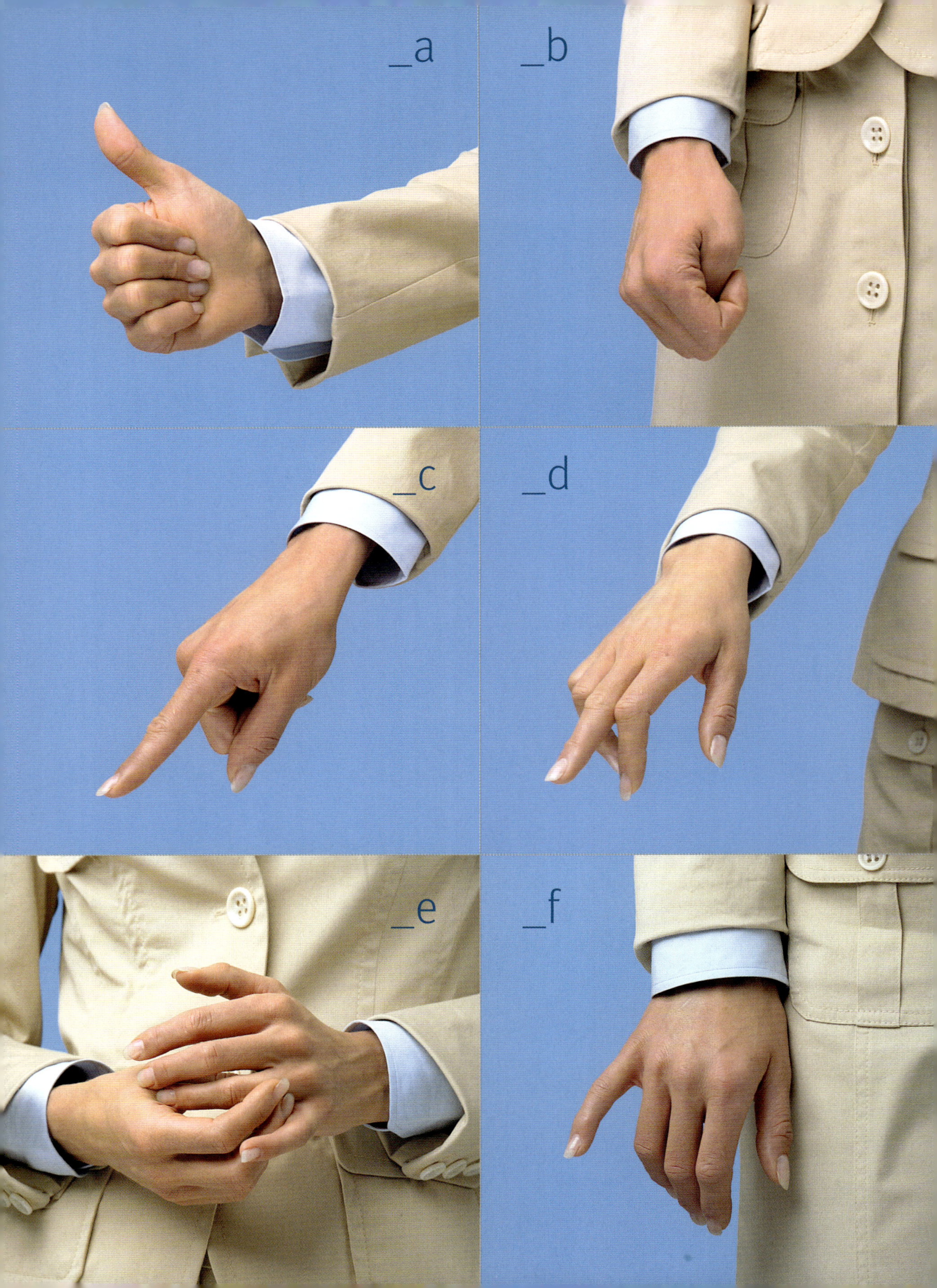
_a
_b
_c
_d
_e
_f

den Wissen aufgenommen oder auch zurückgehalten werden kann. Berührt der Zeigefinger also die Nase nur leicht, werden nicht alle Informationen preisgegeben, sondern Geheimnisse zurückgehalten.

Eine Geste, die wir alle gut kennen, ist der nach oben gestreckte Zeigefinger – der sogenannte »Belehrungsfinger«. Er bedeutet: »Achtung, bitte zuhören – das jetzt ist wichtig!« Beim »Drohfinger« bewegt sich der Zeigefinger zusätzlich von oben nach unten [_c]. Diese belehrende und drohende Fingerhaltung sagt: »Das machst du nicht noch einmal!«

Der Mittelfinger

Der längste unserer Finger wird in der Regel mit Selbstwertgefühl und Stolz in Zusammenhang gebracht. Erhebt sich der Mittelfinger bei einer waagrecht gehaltenen Hand über die anderen Finger, während der Betreffende – verbal oder mit der Hand – auf etwas hinweist, dann wird dem Gesagten oder dem betreffenden Objekt eine besondere Bedeutung zugemessen. Noch deutlicher zeigt sich eine persönliche Affinität zu einem bestimmten Gegenstand, wenn mit dem Mittelfinger direkt darauf gedeutet wird [_d].

Der Ringfinger

Der Ringfinger steht, was nicht weiter verwundert, in enger Verbindung mit unseren Gefühlen. Beobachten Sie einmal Menschen in besonders emotionalen Situationen: Häufig wird in so einem Moment der Ringfinger umschlossen oder an ihm gerieben [_e]. Ob es sich bei den zugrunde liegenden Emotionen um positive oder negative Gefühle handelt, ist abhängig von der Situation, in der sich die betreffende Person gerade befindet.

Der kleine Finger

Der kleine Finger ist in seiner körpersprachlichen Bedeutung überhaupt nicht so »klein«, denn er kann eine Menge verraten. Ein abgespreizter kleiner Finger, bedeutet Zuwendung oder Genuss [_f]. Wird er aber »eingeknickt« und unter die

_a Eindeutiges Zeichen von Zustimmung: Daumen nach oben.

_b Ein versteckter Daumen zeugt von unterdrückter Handlungsbereitschaft.

_c Ein gestreckter Zeigefinger wirkt belehrend und drohend zugleich.

_d Wird mit dem Mittelfinger auf etwas gezeigt, ist dieser Gegenstand von großer Bedeutung.

_e Wer mit dem Ringfinger spielt, ist emotional angespannt.

_f Der abgespreizte kleine Finger signalisiert Genuss oder Zuwendung.

_a Ein Zurückschieben der Brille zeugt von Interesse an der Person und ihren Worten.

_b Sieht Ihr Gesprächspartner über seine Brille, ist er wahrscheinlich noch skeptisch.

_c Wer die Brille locker zwischen zwei Fingern hält, braucht eine Denkpause.

Handfläche geschoben, ist das Gegenteil der Fall. Der kleine Finger gibt also Auskunft über die Art einer Beziehung oder die Empfindungen einer Person in einer bestimmten Situation.

Wissenswertes über Brillenträger

Trägt Ihr Gesprächspartner eine Brille, so kann selbst der Griff an die Brille wertvolle Hinweise – beispielsweise über seinen Standpunkt in einer Diskussion – geben:

› Ein sehr positives Zeichen ist es, wenn Ihr Gegenüber die Brille zurückschiebt. Dann ist das Interesse an Ihnen oder dem Gesprächsinhalt groß, und es möchte noch mehr davon sehen [_a].

› Kaut Ihr Gegenüber auf dem Brillenbügel herum, so kann es sein, dass es unentschlossen ist und sich noch nicht endgültig festlegen möchte. Auch wenn die Brille nach vorne geschoben wird und der Blick über die Brille hinweg erfolgt, möchte der Betreffende die Sachlage gerne noch einmal prüfen, weil bei ihm noch Skepsis vorhanden ist [_b]. Aber Vorsicht bei Lesebrillen: Sie erzeugen oft automatisch so einen Blick!

› Säubert Ihr Verhandlungspartner während des Gesprächs demonstrativ seine Brille, dann haben Sie möglicherweise schon verloren. Ihn können Sie vermutlich nur noch mit einer anderen Strategie und neuen Argumenten überzeugen.

› Ihr Gesprächspartner nimmt die Brille ab und klappt sie zusammen? Dann hat er höchstwahrscheinlich eine Entscheidung getroffen. Greift er stattdessen mit spitzen Fingern an einen Brillenbügel, konnten Sie ihn wohl noch nicht komplett überzeugen.

› Hält Ihr Gesprächspartner die Brille zwischen Daumen und Zeigefinger und lässt dabei den Arm locker nach unten hängen, dann benötigt er eine Denkpause [_c].

Unser Gesicht spricht Bände ...

Doch nicht nur unsere Gesten verraten eine Menge. Was immer uns im Kopf herumgeht – es steht uns auch ins Gesicht geschrieben, denn unsere Mimik kann unsere Gedanken und Gefühle nicht verbergen. Glücklicherweise geht das aber unseren Mitmenschen ebenso. Möchten Sie also mehr über andere Personen erfahren, dann brauchen Sie ihnen nur ins Gesicht zu sehen ...

Interessiert oder bedroht?

Eine Person, die betont langsam die Augen auf- und zumacht, demonstriert damit: »Ich habe alles im Griff und bin gelassen«. Und auch der Grad, wie weit die Augen geöffnet sind, gibt uns Hinweise darüber, ob jemand aufmerksam ist oder uns vielmehr ein drohendes Signal sendet: Geöffnete Augen zeigen Interesse. Verkleinern sich dagegen die Augen, indem sich die unteren Augenlider leicht nach oben wölben, wirft Ihnen Ihr Gesprächspartner wahrscheinlich einen drohenden Blick zu.

Von den Lippen lesen

Nicht nur die Augen verraten einiges, wenn es darum geht, die Mimik unseres Gegenübers zu entziffern. Auch der Mund kann vieles ausdrücken – und das nicht nur beim Reden. Die Form, Spannung und Haltung der Lippen geben so manches preis:

__a Wer eine Schnute macht, ist noch unschlüssig.

__b Ein geschlossener Mund mit vorgeschobener Unterlippe zeugt dagegen von Ablehnung.

__c Fährt sich eine Person mit der Zunge über die Unterlippe, denkt sie noch nach.

__d Ein Lächeln mit nur einem hochgezogenen Mundwinkel verrät einen inneren Zwiespalt.

_e Auch wer seine Zunge ein wenig nach vorne schiebt, nimmt eine Gegenhaltung ein.

_f Gespannte Lippen deuten auf Angst oder gar Wut und Zorn hin.

› Wenn Ihr Gegenüber hochgezogene Mundwinkel hat, besitzt es ein heiteres und fröhliches Gemüt. Nach unten gezogene Mundwinkel dagegen zeigen eher eine traurige, kummervolle Grundeinstellung.

› Ein Mensch mit vollen Lippen hat häufig starke Gefühlsregungen und lebt diese auch aus – egal, ob Freude, Trauer oder Zorn. Feine, kleine Lippen deuten darauf hin, dass diese Person zu differenzierten, sinnlichen Gefühlen fähig ist – ganz nach dem Motto: Mehr Qualität als Quantität!

› Eine dominante Unterlippe lässt auf einen Menschen schließen, der impulsiv reagiert und gegebenenfalls auch abwertend agiert. »Zuerst erleben, dann bewerten!«, lautet hier die Devise. Ganz anders dagegen ist jemand mit einer dominanten Oberlippe zu bewerten: Ein solcher Mensch ist herzlich, feinfühlig und zu intensiven Gefühlen fähig.

› Wer beispielsweise die Lippen zu einer Schnute formt, prüft eine Angelegenheit noch oder schiebt eine Entscheidung erst einmal weg [_a].

› Ein Mensch mit entspannten Lippen ist auch insgesamt locker und kann daher sowohl souverän als auch flexibel handeln. Ein geschlossener Mund und fest zusammengepresste Lippen dagegen zeigen, dass die betreffende Person nicht bereit ist, etwas aufzunehmen. Sie macht daher gedanklich wie auch körpersprachlich »zu« und hält an ihrer Entscheidung fest. Hat sich diese Person dabei gegen eine Sache – zum Beispiel Ihr Angebot – entschieden und wehrt diese ab, können Sie das daran erkennen, dass sie ihre Unterlippe nach vorne schiebt [_b].

› Leckt sich jemand genüsslich die Ober- und Unterlippe, dann gefällt ihm ein Sachverhalt oder er genießt eine Situation. Fährt er sich jedoch mit der Zunge nur über die Unterlippe, denkt er nach [_c].

› Zieht sich beim Lachen nur ein Mundwinkel nach oben, so kann das bei Ihrem Gegenüber entweder auf einen inneren Zwiespalt oder aber auch auf Sarkasmus hindeuten [_d].

› Schiebt Ihr Gesprächspartner seine Zunge nach vorne, schiebt er auch gedanklich etwas von sich weg [_e].

› Sind die Lippen gespannt und zurückgezogen, zieht sich der andere entweder ängstlich zurück oder er wird gerade wütend und zornig [_f].

Sie sehen: Je besser Sie die Gestik und Mimik Ihrer Gesprächspartner einschätzen können, desto mehr erfahren Sie über deren Gedanken und Absichten. Und das kann sich für Sie in vielen Situationen lohnen – besonders bei Verhandlungen.

Guter Auftritt bei Verhandlungen

Einen Großteil unseres Lebens verbringen wir damit, zu verhandeln – und das in allen Lebensbereichen und in jeder Altersstufe. Schon Kinder üben sich frühzeitig in der Kunst der Verhandlung. Fragen wie »Darf ich die Sendung noch zu Ende kucken, sie dauert auch nicht mehr lange?«, sind dabei ein beliebter Einstieg. Nach langem Hin und Her gibt die »Gegenseite« – in diesem Fall die Eltern – dann meistens nach, und man einigt sich auf einen Kompromiss. Ein Muster, das sich auch im Erwachsenenleben nicht ändern wird. Denn Verhandlungen finden in der Regel immer dann statt, wenn wir Interessens- beziehungsweise Bedürfniskonflikte lösen möchten oder müssen.

Besonderes Verhandlungsgeschick wird von uns natürlich vor allem im Berufsleben erwartet. Hier erleben wir sehr oft Situationen, in denen wir verhandeln müssen und dabei ein gutes Ergebnis erzielen möchten. Neben einer guten Vorbereitung, den richtigen Informationen über die Verhandlungspartner und einem schlüssigen Argumentationsaufbau spielt hier auch die Körpersprache eine maßgebliche Rolle. Nur wer sich der eigenen Wirkung bewusst ist und die wichtigsten Gesten und Haltungen (er)kennt, kann andere für sich und seine Interessen gewinnen und gleichzeitig auch das Verhalten seiner Gesprächspartner richtig einschätzen.

Diese Fähigkeiten sind auch deshalb so wichtig, da natürlich bei Verhandlungen alle Beteiligten versuchen, möglichst wenig von dem preiszugeben, was sie wirklich denken. Hinter einem Pokerface meinen sie, ihre wahren Intentionen gut verbergen zu können, verraten sich jedoch durch unbewusste Körpersignale, die sie trotzdem aussenden. Für den Gesprächspartner – sofern er in Körpersprache geübt ist – können diese Zeichen sehr aufschlussreich sein.

Menschliche Lügendetektoren

»Der Körper ist unser größter Schwätzer«, so lauten die Worte des berühmten Körpersprache-Experten Samy Molcho. Denn mit Worten können wir wunderbar flunkern, nur der Körper verrät die Wahrheit. Psychologen haben dazu Interessantes herausgefunden: Wir verlassen uns immer dann, wenn wir bei einem Gesprächspartner einen offensichtlichen Widerspruch zwischen Wort und Körpersprache wahrnehmen, mit fünfmal höherer Wahrscheinlichkeit auf die Körpersprache und merken so oft unbewusst, wenn jemand nicht (ganz) die Wahrheit sagt.

Es gibt sogar Menschen, die tatsächlich immer erkennen, ob sie belogen werden. In einer Studie waren unter 13000 Testpersonen 31 solch hochbegabte Menschen. Man nennt sie »Wizards«, was »Zauberer« bedeutet. Doch mit Hilfe welcher Zauberei kommen diese Wizards den Lügen auf die Spur? Ganz einfach: Lügen werden von ganz bestimmten Gefühlen begleitet: Angst, Unsicherheit oder Nervosität. Und diese Gefühle offenbaren sich unbewusst in Gesten und Haltung, da sie sich kaum kontrollieren lassen. Besonders deutlich wird das in den Bereichen und Körperteilen, die am weitesten vom Gehirn entfernt sind – etwa den Füßen oder den Fingern. Aber auch anhand von Mikro-Ausdrücken, kleinen und schnellen Veränderungen im Gesicht, können wir wahrnehmen, was in unserem Gegenüber vorgeht. Beim Lügen, Schwindeln oder Flunkern verändert sich nämlich der Gesichtsausdruck – wenn auch nur für einen Bruchteil von Sekunden.

Den Wizards genügt die kurze Zeitspanne, um all das zu erkennen, doch für die meisten Menschen sind diese kleinen Gesten unsichtbar. Die gute Nachricht ist: Es ist möglich, diese Detailwahrnehmung zu üben. Dazu benötigen Sie nur eine gute Beobachtungsgabe, hohe Aufmerksamkeit, Geduld für unermüdliche Versuche und eine gesunde Portion an Lebenserfahrung. Sie sollten sich allerdings davor hüten, vorschnelle Schlüsse zu ziehen! Nur durch die Betrachtung des gesamten Körpers, der viele Botschaften gleichzeitig senden kann, sind Sie in der Lage, ein Signal richtig einzuordnen und zu deuten. Doch wenn es Ihnen gelingt, verräterische Gesten treffsicher zu erkennen, bringt es Ihnen viele Vorteile: Benötigt Ihr Gesprächspartner Alternativen? Haben Sie ihn noch nicht vollständig überzeugen können? Seine Körpersprache liefert Ihnen die Antwort! Und auch Sie selbst können durch Ihre Körpersprache jedes Treffen oder Gespräch positiv beeinflussen.

Zeigen Sie sich selbstsicher

Schon die Art und Weise, wie Sie den Raum betreten, hat Einfluss auf die spätere Verhandlung. Bleiben Sie daher nicht in der Tür »hängen« oder stocken Sie nach wenigen Schritten. Sie vermitteln sonst den Eindruck, Sie würden sich nur vage und vorsichtig in ein Ihnen fremdes Territorium wagen – und verkörpern damit wenig Selbstsicherheit.

Vermeiden Sie außerdem kleine Schritte, denn sie signalisieren, dass Sie eher vorsichtig oder zögerlich sind – also das Risiko scheuen [_a]. Und daher gerne alles noch

_a Kleine Schritten wirken unsicher und unflexibel.

_b Mit großen Schritten zeigen Sie sich dagegen selbstsicher und handlungsbereit.

einmal selbst kontrollieren oder – noch lieber – bereits vollständig ausgearbeitete und bereits geprüfte Konzepte vorgelegt bekommen.

Ein gesundes Selbstbewusstsein zeigen Sie vielmehr, wenn Sie einen Raum mit einer aufrechten Körperhaltung, angemessenem Schwung und Ihrer Körpergröße entsprechend großen Schritten betreten [_b]. Ihre Körpersprache signalisiert dann: »Ich kann mich auch auf fremdem Parkett selbstsicher bewegen und flexibel agieren.« Große Schritte sind außerdem ein deutliches Zeichen dafür, dass Sie vorwärtskommen möchten. Und dass Sie dabei durchaus bereit sind, Kompromisse einzugehen, und es auch mal wagen, auf neue Lösungen zu setzen anstatt nur mit herkömmlichen Mustern zu reagieren.

Wahren Sie Distanz

Das A und O jeder Begegnung – auch mit einem Verhandlungspartner – ist der gebührende Abstand, mit dem wir der Intimsphäre unseres Gegenübers Respekt zollen. Dieser Abstand ist von Kultur zu Kultur verschieden und sollte im deutschsprachigen Raum etwa einer Armlänge entsprechen: Die Distanz zu unserem Gesprächspartner liegt somit zwischen 50 und 80 Zentimetern. Dazu ein Tipp: Stellen Sie sich nach der Begrüßung leicht seitlich zu Ihrem Verhandlungspartner. Zur Seite benötigen die meisten Menschen nämlich nicht so viel Abstand wie nach vorne und lassen in dieser Position andere näher an sich heran (siehe persönliche Distanzzone, Seite 25 f.). Das können Sie nutzen, um möglichst schnell eine persönliche Nähe und vertrauensvolle Gesprächsbasis herzustellen. Wichtig ist in diesem Zusammenhang auch, dass introvertierte Menschen eine größere Distanz zu ihrem Gesprächspartner brauchen als extrovertierte.

Verhandlungsprofis, zu denen zum Beispiel erfolgreiche Versicherungsvertreter zählen, wenden all diese Distanzregeln ganz bewusst an. Wenn so einem Agenten die Tür geöffnet wird, setzt er nicht etwa gleich einen Fuß in die Tür – was einem Eingriff in die Privatsphäre des potenziellen Kunden gleichkäme –, sondern er tritt vielmehr einen Schritt zurück. Damit signalisiert er seinem Gegenüber: »Ich bin nicht aufdringlich. Ich versuche nicht, Sie einzuengen. Sie können jederzeit in eine weitere Distanzzone ausweichen, wenn Sie es wünschen.« Ein Chef stattdessen, der sich weit über den Schreibtisch seiner Angestellten zu dieser hinbeugt, zeigt damit deutlich: »Ich bin hier der Boss! Ich kann jederzeit die Art von Nähe herstellen, die mir behagt!« Sie sehen schon, es kommt hier immer auf mehrere Faktoren an: auf die Situation, das persönliche Distanzempfinden Ihres Gegenübers und auf das Verhältnis, das Sie zu Ihrem Gegenüber haben. Da Sie nun aber die entscheidenden Regeln kennen, können Sie sie auch gezielt und erfolgreich für sich nutzen.

Blicken Sie interessiert?

Auch der Blickkontakt kann eine Verhandlung positiv oder negativ beeinflussen. Halten Sie, wann immer es möglich ist, den direkten Blickkontakt zu Ihrem Gesprächspartner aufrecht – und zwar am besten jeweils für einen Gedanken lang. Vermeiden Sie den Blick auf den Boden, denn das erweckt den Anschein, dass Sie sich vom Gespräch zurückgezogen haben und nicht mehr an Ihrem Gegenüber interessiert sind. Ein eher geschlossener oder fokussierender Blick wiederum wird häufig als angriffslustig oder aggressiv interpretiert. Ähnlich wirkt es, wenn Sie Ihren Verhandlungspartner zu intensiv und zu lange anstarren und ihn mit Ihrem Blick regelrecht »durchbohren« – das ist ebenso wenig förderlich für einen guten Gesprächsverlauf. So einen Blick empfindet Ihr Gegenüber eher als unangenehm und aufdringlich, statt ihn mit einem besonders großen Interesse Ihrerseits zu verbinden (siehe Blickkontakt, Seite 26).

Nicken wirkt …

Ein Körpersignal, das immer positiv wirkt – ganz besonders in Verhandlungssituationen –, ist ein Kopfnicken. Durch so ein Nicken spornen Sie Ihren Gesprächspartner zum Weiterreden an und signalisieren ihm Aufmerksamkeit und Bestätigung. Verstärken können Sie diese Geste, indem Sie Ihr Zuhören noch mit entsprechenden sozialen Geräuschen wie »Aha« oder »Hm« untermauern.

Denn in unserem Kulturkreis bedeutet ein Nicken Zustimmung. Wenn wir eine Sache bejahen, machen wir gleichzeitig eine zustimmende Kopfbewegung. Beobachten Sie einmal Politiker oder eine Talkrunde im Fernsehen: Wenn Menschen ihre Meinung kundtun, nicken sie automatisch mit dem Kopf. Gewinnen sie dadurch neue »Verbündete« in der Gesprächsrunde, nicken diese mit der Zeit ebenfalls mit. Wenn Sie also Ihren Verhandlungspartner überzeugen möchten, nicken Sie ganz leicht mit dem Kopf, während Sie ihm Ihre Ausführungen unterbreiten. Dadurch erhöhen Sie die Wahrscheinlichkeit, dass er Ihnen zustimmt. Ob Ihr Gegenüber dann tatsächlich Ihrer Meinung ist, erkennen Sie ebenfalls an einem Kopfnicken, bevor es sich verbal äußert.

Die Sitzposition ist ausschlaggebend

Da die meisten Verhandlungen am Tisch und im Sitzen abgehalten werden, ist es durchaus von großem Nutzen, die unterschiedlichen Sitzhaltungen und -positionen einmal ganz genau zu betrachten: Stellen Sie sich vor, das Begrüßungszeremoniell ist abgeschlossen, alle Verhandlungspartner haben sich miteinander bekannt gemacht, und nun müssen Sie mit einem neuen Lieferanten die Lieferkonditionen verhandeln oder einem potenziellen Kunden verdeutlichen, warum das Produkt seinen Preis hat. Oder es steht mit Ihrem Chef ein Jahresgespräch an, in dem Sie über Ihr Gehalt diskutieren möchten. In allen diesen Situationen kann Ihnen die Sitzposition und -haltung weiterhelfen! Doch was bedeuten die einzelnen Positionen? Und welche Sitzhaltung führt schneller zu einer Kooperation?

_a Eine gute Verhandlungsposition: nebeneinander statt gegenüber.

Wo sitzt es sich am besten?

An einem runden Tisch ist der beste Platz, den Sie wählen können, der, bei dem Sie mit dem Rücken zur Wand sitzen: So haben Sie einen guten Überblick über alle Beteiligten und können mit allen Blickkontakt herstellen.

Bei einem quadratischen oder rechteckigen Tisch ist die sogenannte geöffnete Formation eine harmonische Sitzordnung: Indem Sie im 90-Grad-Winkel zu Ihrem Gesprächspartner sitzen, können Sie sich komplett zeigen und auch seinen gesamten Körper sehen [_a].

Sitzt Ihnen Ihr Verhandlungspartner allerdings direkt vis-à-vis, kann dadurch unter Umständen ein gewisses Konkurrenzgefühl entstehen, und es kommt in dieser Sitzordnung auch leichter zu Konfrontationen. Durch die Barriere – den Tisch – brauchen die Gesprächspartner außerdem länger, bis sie miteinander »warm« geworden sind. Entschärfen Sie so eine Situation, indem Sie Ihren Stuhl ein wenig verschieben, sodass er in einem leichten Winkel zu Ihrem Partner steht. Durch diese kleine Veränderung können Sie das Vertrauen Ihres Gegenübers fördern! Sollte es leider keine Möglichkeit geben, Ihre Position zu ändern, achten Sie zumindest darauf, in Ihrer Sitzhaltung die Haltung Ihres Gesprächspartners widerzuspiegeln. So können Sie eine gemeinsame Ebene und eine gute Ausgangsbasis für die folgende Verhandlung schaffen: Sie kommen dem anderen von sich aus entgegen – auf körpersprachliche Weise. Ist Ihr Verhandlungspartner im Gespräch mit Ihnen gleicher Meinung, dann wird er sich ebenso an Ihrer Haltung orientieren.

Was die Haltung verrät

Neben der Sitzposition gibt es auch bei der Sitzhaltung einiges zu beobachten:

- Sie können zum Beispiel erkennen, in welcher Handlungsbereitschaft sich Ihr Gegenüber befindet und ob Ihr Gesprächspartner Ihnen gegenüber Sympathie oder Antipathie empfindet. Untersuchungen haben nämlich festgestellt, dass einander sympathische Gesprächspartner einen geringeren Abstand zueinander einnehmen. Der Grund dafür ist einfach: Bei Sympathie ist die Anspannung im Oberkörper geringer, der Betreffende neigt sich mehr nach vorne. Bei Antipathie hingegen ist er angespannt, nimmt dadurch eine sehr aufrechte Haltung ein und lehnt sich tendenziell weiter nach hinten. Achten Sie einmal darauf!
- Sie möchten auf Ihren Gesprächspartner aber sicher nicht nur sympathisch, sondern ebenso souverän und selbstbewusst wirken. Und auch dazu trägt Ihre Sitzhaltung bei. Wenig Souveränität strahlen Sie aus, wenn Ihre Sitzhaltung angespannt oder sogar verkrampft erscheint [_a]. Optimal präsentieren Sie sich dagegen mit einer aktiven und dennoch entspannten Sitzhaltung: Nutzen Sie die komplette Sitzfläche des Stuhls, halten Sie Ihren Oberkörper aufrecht, stellen Sie mit beiden Beinen festen Bodenkontakt her und legen Sie die Hände locker in den Schoß oder auf den Tisch. Schieben Sie zusätzlich Ihre Füße leicht hinter die Knie, so zeigen Sie damit, dass Sie in der Lage sind, flexibel zu handeln [_b]. Wird dabei allerdings ein Bein weit nach vorne geschoben, dann ist das wiederum ein Zeichen von räumlichem Besitzanspruch.

› Sitzt Ihr Gegenüber nur auf der Stuhlkante und stützt sich mit seinen Hände an der Stuhllehne oder auf den Oberschenkeln ab, dann herrscht in ihm Unruhe und es ist sprungbereit [_c]. Ganz offensichtlich fühlt es sich unwohl oder teilt nicht Ihre Meinung. Die Situation ist noch eindeutiger, wenn die Füße hinter das Knie geschoben werden. Es wartet nur noch den richtigen Zeitpunkt ab, um die Chance zur Flucht zu ergreifen.

› Lehnt sich Ihr Verhandlungspartner während der Konversation plötzlich zurück und schiebt zusätzlich seinen Kopf nach hinten? Oder baut er mit der Hand eine Art Schranke vor seinem Körper auf? Dann dürfte er mit einem Sachverhalt nicht einverstanden sein. Verschließt er dabei noch den Mund, möchte er nichts mehr »auf-nehmen« [_d]. Jetzt ist es höchste Zeit, ihm Optionen zu bieten! Lehnt sich Ihr Gegenüber jedoch mit Bedacht zurück und fängt an, leicht mit dem Kopf zu nicken, dann verabschiedet er sich wohl gerade von seinen Vorstellungen und nimmt stattdessen Ihre Meinung an.

› Als Desinteresse können Sie das Verhalten Ihres Verhandlungspartners interpretieren, wenn er Ihnen mit schlaffem Oberkörper gegenübersitzt oder sich seitlich zum Tisch lehnt. Das sind Anzeichen dafür, dass er sich aus dem Gespräch zurückzieht. Diese Interpretation gilt allerdings nicht, wenn sich in einer Gesprächs-

_a Eine verkrampfte Sitzhaltung wirkt angespannt oder unsicher, aber keinesfalls souverän.

_b Mit einer aktiven Sitzhaltung zeigen Sie Handlungsbereitschaft, aber keine Anspannung.

_c Wer nur auf der Stuhlkante sitzt, ist sprichwörtlich »auf dem Sprung« und möchte der Situation entfliehen.

_d Ein zurückgelehnter Oberkörper und verschlossene Lippen? Das ist ein klares Zeichen für Ablehnung.

_e Wer sich entspannt zurücklehnt, fühlt sich in der Verhandlungsposition wohl.

_f Zeigt die Fußspitze Ihres Gesprächspartners zu Ihnen hin, ist er offensichtlich interessiert.

_g Zeigt die Fußspitze vom Verhandlungspartner weg, liegt keine Übereinstimmung vor.

pause alle Teilnehmer zurücklehnen und relaxen. Aufmerksam sollten Sie nur dann sein, wenn das bei Ihrem direkten Gegenüber und ganz plötzlich passiert.

› Ihr Partner neigt sich im Gespräch mit dem Oberkörper zur Seite? Dann weicht er möglicherweise Ihrem Vorschlag aus. Lehnt sich Ihr Gegenüber aber genüsslich zurück und schiebt sein Gesäß nach vorne, verschränkt die Arme im Nacken und womöglich auch die Beine, dann ist es entspannt und fühlt sich wohl, aber strotzt offensichtlich auch vor Selbstbewusstsein [_e]. Ihr Gesprächspartner zeigt dann nämlich einen seiner verwundbarsten Bereiche: seinen Bauchraum. Und das ist ein eindeutiges Signal, dass er sich seiner sicher ist. Angespannt dagegen ist ganz offensichtlich jemand, der sich förmlich an den Stuhllehnen oder -beinen festklammert (siehe Sitzhaltungen, Seite 131 f.). Meistens kann man diese Anspannung im gesamten Körper beobachten.

› Überschlägt Ihr Gesprächspartner das Bein und fängt an, mit dem Fuß zu wippen? Versuchen Sie sogleich festzustellen, auf welche Art er wippt: Ist es ein ruhiges Rotieren des Fußgelenks? Dann ist Harmonie vorhanden. Wippt der Fuß mit Spannung auf und ab? Ein klares Zeichen von Ungeduld. Wenn sich aber die Fußspitze anhebt, so als würde er ein imaginäres Bremspedal drücken, bedeutet das Ablehnung (siehe Bremsfuß, Seite 62 f.). Er möchte dann nämlich das Gehörte am liebsten mit seinem Fuß wegschieben.

Samy Molcho und viele andere namhafte Körpersprache-Experten unterscheiden hier zusätzlich noch zwischen dem linken und dem rechten Fuß. Geschieht die Bewegung mit dem linken Fuß, dann stehen bei der Haltung Ihres Gegenübers die Emotionen im Vordergrund. Beim rechten Fuß dagegen arbeitet der Verstand.

› Ob Ihr Gesprächspartner interessiert ist oder nicht, erkennen Sie übrigens auch an seiner Fußspitze: Ist sie zu Ihnen gerichtet, können Sie auf Interesse schließen [_f]. Wenn sich aber die Fußspitze abrupt wegdreht, dann schiebt der andere möglicherweise auch Ihr Angebot, Ihr Argument oder Ihre Meinung zur Seite [_g].

Die ewig sprechenden Hände

Sie hatten beim Verhandlungsgespräch ein prima Gefühl und trotzdem bekommen Sie – völlig überraschend – eine Absage? Wenn Sie in Zukunft rechtzeitig erkennen möchten, ob ein Gespräch gut verläuft oder ob Sie einer ungünstigen Entwicklung gegensteuern sollten, achten Sie auch auf kleinste Gesten Ihres Gegenübers. Allein der Griff an die Brille verrät Ihnen einiges über Ihre Erfolgschancen (siehe Brillenträger, Seite 122 f.). Warum? Die Hände sind weit mehr als reine Greiforgane: Bei jeder Präsentation, jeder Rede, sogar in jedem kurzen Gespräch unterstreichen wir das Gesagte mit unseren Händen. Der eine mehr, der andere weniger. Aber ohne Hände geht es nicht! Sie sind – neben unserer Stimme und der Mimik – unser wichtigstes Kommunikationsinstrument. Mit unseren Handgesten geben wir Auskunft über unsere Empfindungen und Handlungsabsichten. Sie können das gesprochene Wort sogar ganz ersetzen und sind somit auch in der Lage, Sprachbarrieren zu überwinden.

Weltweit gibt es 5000 verschiedene Gesten. Wissenschaftlich betrachtet zählen zu den Gesten alle Bewegungen der Arme und Hände, des Kopfes sowie der Beine und Füße. Doch beschränken wir uns hier auf Arme und Hände. Denn sie können effektiv eingesetzt werden, um das Gesagte zu untermauern und zu verstärken.

Generell werden Arm- und Handgesten unterteilt in zwei Arten: die einen sind auf den eigenen Körper hin-, die anderen von diesem weggerichtet. Auf den eigenen Körper gerichtete Gesten lassen Schlüsse auf die Empfindungen und den Charakter von Personen zu – sie sind häufig Signale von Schutz, Abwehr oder Manipulation. Weggerichtete Gesten dagegen dienen vorwiegend der Kommunikation mit anderen. Solche Bewegungen können im Gegensatz zu körpernahen Gesten, die überwiegend unbewusst geschehen, zielgerichtet und bewusst eingesetzt werden. Denken Sie nur an Redner aus Politik oder Wirtschaft, die weggerichtete Gesten besonders häufig und professionell verwenden. Denn mit diesen Gesten sind sie in der Lage, die Wirkung einer rein verbalen Äußerung um ein Vielfaches steigern. Besonders effektiv sind zum Beispiel folgende Bewegungen: Die erhobene geballte Faust ist ein Zeichen für dynamisches, kraftvolles Voranschreiten. Der Handkantenschlag signalisiert, dass ein Schlussstrich gezogen wird. Oder das Verschränken der Arme im Nackenbereich – es vermittelt Selbstsicherheit.

Ähnlich wie bei den Füßen ist auch bei den Hand- und Armgesten wichtig, mit welcher Seite sie ausgeführt werden. Achten Sie deshalb darauf, welche Hand eine Person zum Gestikulieren einsetzt. Benutzt jemand die rechte Hand, arbeitet vorwiegend sein Verstand, und er verlässt sich lieber auf nüchterne Fakten. Wird aber mit der linken Hand gestikuliert, deutet das auf eine emotionale Haltung hin.

Dazu ein Beispiel: Erinnern Sie sich noch an das legendäre TV-Kanzlerduell zwischen Angela Merkel und Gerhard Schröder vor der letzten Bundestagswahl 2005? Der damals amtierende Bundeskanzler Schröder bevorzugte verstärkt den Einsatz seiner Aktionshand, also der rechten Hand. Auf die unerwartete Frage nach der Rolle seiner Frau gestikulierte er beim Antworten plötzlich mit der linken Hand. Hier kamen offenbar Gefühle ins Spiel.

Dazu noch ein kleiner Tipp: Bringen Sie rechtzeitig in Erfahrung, ob Ihr Verhandlungspartner Linkshänder ist, denn bei ihnen verläuft diese Aufteilung natürlich genau andersherum.

Die Hand am Kinn

Generell bedeutet jede Hand-Kinn-Geste: »Ich weiß nicht, ob ich das Richtige sage. Ich bin noch nicht so weit. Ich denke noch nach.« Für eine genaue Interpretation sollten Sie aber zusätzliche Signale einbeziehen: Denn erst die Kombination aller Details ermöglicht eine realistische Einschätzung der betreffenden Geste. Bei Hand-Kinn-Gesten heißt das, sowohl die Bewegung der Hand und der Finger als auch deren Position zu betrachten:

- Wird die linke oder die rechte Hand dazu genutzt, um das Kinn zu stützen? Verwendet Ihr Gesprächspartner die rechte Hand, dann geht er mit dem Verstand an die Sache ran. Wird hingegen die linke Hand als Unterstützung für das Kinn hergenommen,

_a Zeigefinger über dem Kinn demonstriert Handlungsbereitschaft.

_b Liegt der Zeigefinger aber über den geschlossenen Lippen, wird etwas unterdrückt.

stehen in diesem Augenblick Emotionen im Vordergrund. Und – wie gesagt – bei Linkshändern natürlich genau andersherum!

› Welche Position nimmt die Hand ein? Wird die Hand vor den Hals gehalten, wird unbewusst ein verwundbarer Bereich geschützt, und diese Person will selbst entscheiden, wann sie sich öffnet. Befindet sich die Hand allerdings seitlich am Hals, heißt das: Ich habe Vertrauen. Bei diesem Menschen haben Sie offensichtlich bereits eine gute Verhandlungsbasis geschaffen!

Die Positionen der Finger

Es macht bei den Hand-Kinn-Gesten auch einen großen Unterschied, welcher Finger welche Position einnimmt. Achten Sie deshalb bei Ihrem Gegenüber auf zweierlei: Welcher Finger wird wie und wozu genutzt und wo befindet er sich genau?

› Liegt der Zeigefinger nur über dem Kinn, bedeutet das: Ich bin in Startposition und kann agieren [_a]. Liegt der Zeigefinger allerdings über dem verschlossenen Mund, dann wird von dem Betreffenden ganz bewusst etwas unterdrückt [_b].

› Wird der Daumen vor das Kinn gehalten und alle anderen Finger unter das Kinn gelegt, signalisiert das eindeutig Dominanz [_c]. Wird das Kinn nur allein mit dem Daumen gestützt und fixiert, dann setzt sich die betreffende Person durch, ohne Rücksicht auf Konsequenzen. Sind jedoch sowohl Zeigefinger als auch Daumen am Kinn – auch wenn sie nur ganz leicht anliegen –, heißt das: »Ich zögere noch.« [_d]

_c Daumen vor dem Kinn: ein deutliches Zeichen von Dominanz.

_d Wenn Zeigefinger und Daumen leicht am Kinn liegen, ist die Person noch zögerlich.

_e Mittelfinger über dem Kinn oder vor dem Mund signalisiert Stolz und Selbstbewusstsein.

_f Kleiner Finger ausgestreckt: Ihr Gesprächspartner genießt oder strebt nach Anerkennung.

› Liegt der Mittelfinger über dem Kinn oder vor dem Mund, so ist es ein klares Zeichen für Selbstverwirklichung, Stolz und Selbstsicherheit [_e]. Diese Person ist von sich und ihrer Sache überzeugt.

› Wird der kleine Finger ausgestreckt – egal, ob leicht oder stark –, dann strebt Ihr Gesprächspartner nach gesellschaftlicher Anerkennung. Diese Anerkennung ist ihm sehr wichtig, und er hat ganz besondere Freude daran. Außerdem wird der kleine Finger auch dann abgespreizt, wenn Genuss im Spiel ist [_f]. Mit Sicherheit haben Sie das schon einmal beobachtet – zum Beispiel beim Kaffeetrinken oder einem gemeinsamen Essen mit Freunden.

Wie Sie sicherlich bereits bemerkt haben, gibt es bei den Hand-Kinn-Gesten sehr feine Nuancen. Doch genau die kleinen Details sind es, die die wahren Absichten unseres Gegenübers verraten. Deshalb: Beobachten Sie ganz präzise und investieren Sie lieber einen Augenblick mehr, bevor Sie Vermutungen anstellen.

Wie ist die Kopfhaltung?

Neben Haltung, Händen und Füßen wollen wir nicht den Kopf vergessen. Denn auch er und seine Haltung sagen viel aus:

› Wird der Kopf gerade gehalten und befindet sich in frontaler Ausrichtung zum Gegenüber, kann das als Signal für Kampfbereitschaft gesehen werden. Ist zusätzlich noch der Blick nach oben gerichtet, heißt das: »Ich habe den Überblick.«

› Ein seitlich geneigter Kopf dagegen lässt auf ein harmonisches Verhältnis zwischen den Gesprächspartnern schließen und bedeutet: »Du kannst mir vertrauen.«

› Doch durch weitere Nuancen bekommt diese Haltung eine ganz andere Geltung. Seien Sie daher aufmerksam für Varianten! Geht zum Beispiel der Blick von unten nach oben, zeigt sich eine Stirnfalte und zieht sich eine Augenbraue hoch, ist Ihr Verhandlungspartner eher misstrauisch.

Schärfen Sie Ihre Wahrnehmungsfähigkeit!

Nun haben Sie verschiedene Gesten, Haltungen und Bewegungen kennengelernt, mit deren Hilfe Sie Ihre Gesprächspartner besser einschätzen können.

Natürlich ist der Gesamteindruck wichtig, doch wenn Sie gerade damit anfangen, die Körpersprache anderer zu beobachten und zu entziffern, konzentrieren Sie sich vorläufig am besten nur auf Augen, Mund, Finger und Hände. Allein an diesen Körperteilen gibt es erst einmal genug Signale und Zeichen zu erkennen und zu interpretieren: Werden die Lippen aufeinandergepresst? Liegt eine Hand am Kinn? Zuckt der Finger, wie um einen Revolver zu ziehen? Solche Feinheiten wahrzunehmen, ist am Anfang schwer genug. Sich auf mehrere Körperregionen gleichzeitig konzentrieren zu können, wird Ihnen erst mit etwas Übung gelingen. Bis Sie Details am ganzen Körper schnell und leicht wahrnehmen, müssen Sie einfach immer wieder trainieren – dann wird es Ihnen zur Gewohnheit. Denn es lohnt sich, seine Wahrnehmungsfähigkeit zu schärfen: Als aufmerksamer Beobachter nehmen Sie auch selbst automatisch mehr überzeugende körpersprachliche Signale in Ihr Repertoire auf und steigern dadurch auch Ihre eigene Wirkung!

Punkten Sie durch Ihre Körpersprache!

Viele Manager, Vorstände oder Politiker verstehen es in perfekter Weise, unangenehme Inhalte in optimistischer Weise als »Chancen« darzustellen und ihre Zuhörer dabei auch noch von ihrer Meinung zu überzeugen. Sie fragen sich, wie das funktioniert? Ganz einfach: Diese Menschen setzen gezielt nonverbale Signale ein, um einen höheren Wirkungsgrad ihrer Rede zu erreichen. Es gibt daher kaum einen bedeutenden Politiker, der nicht seinen persönlichen Coach hat. Und kaum einen Manager in einer der höheren Etagen, der nicht unzählige Präsentationsseminare durchlaufen hat, um seine Wirkung zu optimieren. Nur äußerst wenige Menschen besitzen die besondere Gabe, ohne spezielles Training ihr Publikum mitreißen zu können. Glauben Sie also nicht an das Märchen vom geborenen Redner. Reden lernt man durch Reden – also durch Üben, Üben und nochmals Üben! Nur so gelingt es Ihnen, Ihre Vortragsfähigkeiten zu verbessern und Ihre Zuhörer zu begeistern.
Auch Demosthenes, einer der ganz großen Redner im alten Griechenland, ist nur durch seine harte Ausbildung weltberühmt geworden. Als er beschloss, ein exzellenter Redner zu werden, erntete er von seinen Zuhörern überwiegend Hohn und Spott. Denn er war kurzatmig, stotterte und verschluckte Wörter. Keine optimalen Voraussetzungen also für einen überzeugenden Redner. Doch er verfolgte sein Ziel trotzdem konsequent und übte, soviel er konnte: Den Berg emporkletternd sprach er in voller Lautstärke lange Sätze vor sich her, er überstimmte das stürmische Meer und klemmte sich einen Stein zwischen die Zähne. So erreichte er schließlich mit Konsequenz und hartnäckigem Training sein Ziel und zählt noch heute zu den größten Rednern des Altertums. Und die Moral dieser Geschichte? Durch konsequentes Üben können auch Sie Ihre Fähigkeiten als Redner verbessern! Denn wie schon Andreas Bornhäuser, der mit der sogenannten »Präsentainment«-Idee von sich reden machte, treffend sagte: »Nicht selten schlummert in einem – äußerlich betrachtet – groben Klotz ein brillanter Kern. Und den gilt es zu entdecken, freizulegen und zu polieren.« Doch auch wenn Sie bereits ein brillanter Redner sein sollten – die Redekunst an sich ist immer nur die halbe Miete. Ein authentischer Auftritt entwickelt sich vor allem auch aus Ihrer Leidenschaft und Begeisterung. Die Identifikation mit einem Produkt, einer Dienstleistung, einer Idee und vor allem mit der eigenen Person sind der Schlüssel für mehr Präsenz, mehr Wirkung und mehr Überzeugungskraft. Sie müssen voll und ganz hinter dem stehen, was Sie sagen!
Natürlich sollte eine gute Präsentation weitere Kriterien erfüllen: eine logische Struktur, eine verständliche Dokumentation und den richtigen Einsatz elektronischer Mittel. Doch was nutzt die beste Präsentation ohne einen überzeugenden Redner? Eine perfekte Vorbereitung zeigt keine Wirkung, wenn der Vortragende nicht ansprechend präsentieren kann und die Inhalte ohne Begeisterung an den

Zuhörer weitergibt. Doch leider sind viele Reden genau das: wenig ansprechend und begeisternd. Umfragen haben sogar ergeben, dass die meisten Vorträge als langweilig eingestuft werden. Wenn Sie wissen wollen, ob Ihre Zuhörer noch »dabei sind« oder sich bereits geistig »abgemeldet« haben, so erkennen Sie das am fehlenden Blickkontakt, am gesenktem Kopf und einer leblosen Mimik. Oder auch daran, dass der Arm den Kopf am Kinn stützt und der Körper des Zuhörers schwer im Sessel hängt. Bei Langeweile wird auch gerne in den Unterlagen geblättert oder mit dem Sitznachbarn gesprochen. Anders als die Zuhörer, die sich im Zweifelsfall ablenken und anderweitig beschäftigen können, steht der Redner vom ersten Moment an im Fokus des Publikums. Alle Blicke sind auf ihn gerichtet, und die Erwartungshaltung des Publikums kann er nur erahnen. Am Anfang einer Präsentation spielen Fakten deshalb erst einmal keine Rolle, sondern ausschließlich Emotionen. Warum? Ganz einfach: Die Stimmung, mit der der Redner seinen Vortrag beginnt, überträgt sich auf das Publikum – und die des Publikums wiederum auf den Vortragenden. Wenn Redner das Gefühl haben, sie werden vom Publikum getragen, erleben sie einen regelrechten Rauschzustand: Raum und Zeit werden eins. Menschen, die selbstbewusst, lebendig, strahlend und optimistisch auftreten, erhalten schneller eine positive Resonanz von ihrem Publikum und werden dadurch gleichzeitig auch in ihrem Auftreten gestärkt, was wiederum auf die Zuhörer wirkt – ein positiver Kreislauf also, der das Geheimnis jedes gelungenen Auftritts ist.

Welche körpersprachlichen Signale überzeugen?

Ob Ihr Auftritt ein Erfolg wird, ist in dem Augenblick, in dem Sie die Bühne betreten, bereits entschieden. Schenken Sie deshalb diesem Moment besonders hohe Aufmerksamkeit – egal, ob es um einen Vortrag auf einem Fachkongress oder eine Projektpräsentation im Team geht. Denken Sie nur mal an professionelle Moderatoren wie Harald Schmidt oder Thomas Gottschalk. Hätten Sie geahnt, dass bei der Vorbereitung von deren Shows bis zu zwei Dutzend Autoren mitwirken? Das heißt: Alle scheinbar locker dahingeplauderten Statements wurden genauestens konzipiert. Und auch exzellente Entertainer und Redner erreichen ihren hohen Wirkungsgrad nur durch penibel erprobte Mienenspiele und Gesten, die – dank sorgfältiger Vorbereitung – spontan und angenehm locker wirken. Doch nicht jeder bereitet sich auf einen Vortrag professionell vor: Es gibt zum Beispiel Redner, die stürmen auf die Bühne, als fürchteten sie, die Zuhörer könnten ihnen weglaufen. Dann gibt es auch jene, die vielmehr auf die Bühne schleichen, als scheuten sie sich davor, erkannt zu werden. Eines haben beide Fälle jedoch gemein: Die Zuhörer werden vermutlich nicht lange bei der Stange bleiben und das Interesse für die vorgetragenen Inhalte wird zunehmend gegen Null gehen.

Wie können Sie es also besser machen? Wenn Sie auf ein bestimmtes Ziel zugehen – ein Rednerpult, die Mitte einer Bühne oder einen Präsentationstisch –, dann bewegen Sie sich möglichst zielstrebig – allerdings ohne dabei hastig oder sogar panisch zu wirken. Ihr Tempo sollte normal und Ihre Schrittlänge Ihrer Körpergröße angemessen sein – also weder Tippel- noch Riesenschritte. Achten Sie darauf, dass Sie während des Gehens ruhig atmen und bleiben Sie beim Betreten der Bühne beziehungsweise des Raumes nicht schüchtern stehen. Sie erwecken so nur ungewollt den Eindruck, als ob Sie am liebsten gleich wieder flüchten möchten. Steuern Sie stattdessen entschlossen Ihr Ziel an. Das funktioniert übrigens am besten, wenn Sie sich im Vorfeld mit den örtlichen Gegebenheiten vertraut gemacht haben. Stehen Sie auf einer Bühne, wählen Sie idealerweise die Mitte als Standposition und verstecken sich nicht hinter einem Rednerpult. Warum? Sie verlieren dadurch nur unnötig an Präsenz und müssen – um das auszugleichen – doppelt intensiv mit Ihrer Stimme sowie Ihrer Mimik und Gestik arbeiten. Bleiben Sie dagegen lieber erhobenen Hauptes in der Mitte stehen, wenden Sie sich frontal Ihrem Publikum zu, halten Sie guten Bodenkontakt, blicken Sie optimistisch drein und nehmen Sie dann den schwierigsten Part Ihres Auftritts in Angriff: Warten Sie! Starten Sie nicht sofort mit Ihrem Vortrag. Schauen Sie erst einmal Ihre Zuhörer an, und zwar – wenn möglich – bevorzugt die Menschen, die Ihnen wohlgesonnen sind. Erst wenn die Aufmerksamkeit aller Anwesenden auf Sie gerichtet ist, beginnen Sie zu sprechen. Diese Zeit wird Ihnen sicherlich wie eine Ewigkeit vorkommen, obwohl es tatsächlich nur wenige Sekunden sind. Doch Sie werden sehen: Es lohnt sich, denn dadurch bekommen Sie die Aufmerksamkeit, die Ihnen zusteht.

Der Stand verrät die Stimmung

Als Redner senden Sie eine Fülle von Signalen, die alle von Ihren Zuhörern interpretiert werden können. So zum Beispiel Ihr Stand: Wie Sie auf der Bühne oder dem Podium stehen, gibt Auskunft über Ihre Befindlichkeit. Viele Vortragende stehen ruhig auf der Bühne – nur wirkt es bei dem einen souverän und locker, bei dem anderen jedoch unsicher und steif. Es kommt also auf die Details in der Körpersprache an, an denen man Souveränität beziehungsweise Unsicherheit erkennen kann. Daher sollten Sie bei Gelegenheit einmal Ihren Stand überprüfen und gegebenenfalls optimieren. Stehen kann man auf sehr vielfältige Weise – und jede Art hat eine bestimmte Aussage. Hier erfahren Sie deshalb, welche Standhaltung welche Wirkung erzielt:

Standfeste Haltung

Eine optimale Standposition, die Souveränität und Sicherheit ausstrahlt, aber nicht steif oder arrogant wirkt, erreichen Sie mit dem Krone-Erbse-Trick. Stellen Sie dafür die Füße hüftbreit, ziehen Sie Ihre Schultern nach hinten und stellen Sie sich vor, Sie hätten eine Erbse im Hintern und eine Krone auf dem Kopf – so erlangen Sie eine gute Körperspannung und eine standfeste Haltung [_a].

Handlungsbereit ...

Liegt das Körpergewicht auf den Fußballen und der Körperschwerpunkt verlagert sich dabei nach vorne, so ist der Redner dem Publikum zugeneigt und bereit

»etwas zu geben«: Er zeigt den Zuhörern mit dieser aktiven und offenen Haltung ganz deutlich Handlungsbereitschaft [_b].

... oder unsicher?

Liegt das Körpergewicht dagegen auf den Fersen, verlagert sich der Körperschwerpunkt automatisch leicht nach hinten. Der Redner vermittelt den Eindruck, dass er am liebsten der Situation ausweichen und flüchten würde [_c].

Knie-Barrieren

Durchgedrückte Knie sind ein unbewusstes Zeichen von Abwehr. »Das will ich nicht«, signalisiert der Redner damit und verliert durch diese – körperlich wie geistig – starre, angespannte Haltung die Fähigkeit, flexibel zu agieren. Er wirkt dadurch weder selbstbewusst noch überzeugend.

Zu dominant

Steht der Redner breitbeinig und stemmt die Hände in die Hüften, so möchte er mehr Platz beanspruchen und souverän auftreten. Doch diese Geste wirkt vor allem dominant [_d] – und das kommt nicht unbedingt gut an.

Das Spielbein

Wird das Körpergewicht auf das Standbein verlagert und das andere Bein steht unbelastet daneben, fühlt sich der Redner eher unsicher [_e].

_a Eine standfeste Haltung mit vollem Fuß-Boden-Kontakt wirkt besonders selbstsicher.

_b Handlungsbereit wirkt, wer nach vorne geneigt auf den Fußballen steht.

_c Wer nach hinten geneigt auf den Fersen steht, will flüchten.

_d Breitbeiniges Stehen wirkt in der Regel eher dominant als souverän.

_e Wird das Gewicht auf das Standbein verlagert, zeugt diese Bewegung meistens von Unsicherheit.

Gekonnter Einsatz der Hände

Sie haben eine standfeste Haltung eingeübt? Prima, dann achten Sie nun auf Ihre Hände. Diese können Sie zum Gestikulieren so vielseitig einsetzen wie kaum ein anderes Körperteil: Dabei kann Ihre Gestik sprachbegleitend sein und das Gesagte demonstrieren, verdeutlichen oder abschwächen. Möchten Sie zum Beispiel etwas Großes darstellen, so werden Ihre Hände vermutlich einen großen Kreis beschreiben. Gesten können aber genauso gut auch sprachersetzend eingesetzt werden: Etwa, wenn Sie jemand »den Vogel zeigen«. Dann tippen Sie sich mit dem Zeigefinger mehrfach an die Stirn oder an die Schläfen. Und jeder weiß, was damit gemeint ist – ohne ein einziges Wort.
Neben diesen sprachbegleitenden und sprachersetzenden Zeichen gibt es schließlich noch eine dritte Art von Gesten, die sogenannten Adaptoren. Das sind körperbezogene Gesten, die Ihnen ganz »automatisch« passieren. Etwa dann, wenn Sie sich konzentrieren oder beruhigen wollen. Denken Sie nur an den Griff ans Ohrläppchen in Augenblicken, in denen Sie sich unsicher fühlen, oder an das Kratzen am Kopf, während Sie konzentriert über eine Sache nachdenken. All das sind unbewusste, sprachunabhängige Bewegungen, die unmittelbar und unbeabsichtigt mit bestimmten Emotionen einhergehen.

Wichtiger als Worte: die Gestik

Verwenden Sie in Vorträgen oder Reden bewusst und gezielt sprachbegleitende Gesten. Denn das ist einer der Gründe, warum manche Menschen immer ihr Publikum einfangen und als gute Redner gelten. Sie setzen ihre Gestik vor ihre Worte und lassen ganz bewusst die körpersprachlichen Signale wirken. Sie unterstützen das Gesagte mit ihren Händen und zeigen überwiegend große Gesten [_a]. Das positive Ergebnis: Wer anschaulich gestikuliert, macht es seinem Gegenüber leichter, den sprachlichen Ausführungen zu folgen, und erhöht dadurch die Aufmerksamkeit sowie das Verständnis.
Wer dagegen kaum Handbewegungen zeigt oder nur kleine Gesten einsetzt, wird seine Zuhörer nicht so leicht mitreißen und überzeugen können [_b]. Hier fehlt nämlich nicht nur die unterstützende Veranschaulichung, sondern auch die eigene Begeisterung für das Präsentierte. Und dabei ist genau die sehr wichtig, denn – wie Sie bereits wissen – überträgt sich der Enthusiasmus des Redners auf die Zuhörer und umgekehrt.
Deshalb: Üben Sie das bildhafte Sprechen! Dazu suchen Sie sich am besten Texte aus, die mit vielen Emotionen besetzt sind – zum Beispiel Gedichte. Lesen Sie diese laut und mit möglichst viel gestischer Untermalung vor. Versuchen Sie, die Texte nicht nur abzulesen, sondern diese vielmehr zum Leben zu erwecken, indem Sie Ihre Hände gezielt einsetzen – die Worte untermalen und Stimmung erzeugen. Sie werden dabei schnell feststellen: Lebhaftes Vortragen funktioniert nur dann, wenn Sie sich vollkommen in die Situation fallen lassen, wenn Sie das, was Sie sagen, auch fühlen. Nur dann passen Gestik und Mimik zu dem, was Sie vortragen. Und nur dann zeigen Sie eine authentische Körpersprache!

_a Großzügige Gesten erleichtern das Zuhören und das Verständnis.

_b Kleine Gesten sind nicht effektiv und sollten daher vermieden werden.

Dirigieren oder bitten Sie?

Ebenso wichtig wie die Authentizität Ihrer Gesten ist die Art und Weise, wie Sie sie ausführen. Ihre Bewegungen sollten immer möglichst deutlich ausfallen, und manchmal schadet es nicht, wenn sie sogar etwas übertrieben wirken. Denken Sie immer daran, dass Sie als Redner eine Art Dirigent sind, der für alle hör- und sichtbar Wichtiges mitzuteilen hat.

Lernen Sie nun einige Arm- und Handbewegungen kennen, die Sie für Ihren nächsten Auftritt üben sollten – aber auch solche, die Sie besser vermeiden:

› Leicht angewinkelte Arme über der Gürtellinie, die sich seitlich vom Körper nach vorne und nach oben strecken, werten eine Situation auf [_a]. Ebenso positiv wirken alle Hand- und Armbewegungen, die von unten nach oben verlaufen. Offenheit demonstrieren Sie immer dann, wenn Ihre Handinnenflächen tendenziell nach oben zeigen. Diese Geste signalisiert die Bereitschaft, etwas zu geben, aber auch etwas anzunehmen.

› Negativ auf Ihr Publikum wirkt eine Haltung, bei der Sie Ihre Hände weit unterhalb des Beckenbereichs halten und Ihr Brustkorb eingesunken ist. Damit strahlen Sie Schwäche aus, aber keinesfalls Souveränität [_b]!

› Wollen Sie auf ein Schaubild hinweisen oder etwas am Flipchart zeigen? Dann stellen Sie sich seitlich zu Ihren Zuhörern und wenden Sie immer die offene Handfläche zum Publikum. Vermeiden Sie es, den Handrücken zu präsentieren oder nur mit dem Zeigefinger zu deuten [_c].

__a Gesten in Höhe des Oberkörpers wirken immer positiv.

__b Gesten unterhalb der Gürtellinie haben eine negative Wirkung.

__c Wer am Flipchart präsentiert, sollte sich seitlich davon aufstellen.

__d Die Freistoßhaltung zeugt meistens von Unsicherheit.

tipp

_Tricks für die Präsentation

Hier zwei einfache, aber sehr hilfreiche Tricks, die Sie gleich bei Ihrer nächsten Präsentation ausprobieren können:

- Konzentrieren Sie sich während der gesamten Präsentation – und besonders in den ersten, unangenehmen Minuten – auf Personen im Publikum, die Ihnen positiv gegenüberstehen. Deren Anblick wird bei Ihnen ein gutes Gefühl erzeugen!
- Bei einer Präsentation mit dem Projektor lesen Sie immer vom Laptop ab und nicht von der Leinwand. So verlieren Sie nicht den Blickkontakt, weil Sie dem Publikum über einen längeren Zeitraum den Rücken zuwenden.

- Diese Haltung ist bestens bekannt vom Fußball, wenn die Spieler versuchen, mit den Händen ihr bestes Stück zu schützen [_d]. Leider findet man diese – typische – Männerpose auch außerhalb des Fußballfeldes vor. Am besten, Sie streichen sie sofort aus Ihrem Repertoire, denn sie wirkt sehr unsicher.
- Es gibt noch weitere Handbewegungen und -haltungen, die Sie nur ganz gezielt einsetzen oder besser vermeiden sollten: Eine erhobene geballte Faust, ein nach oben gestreckter Zeigefinger – verbunden mit viel Spannung und Kraft in den Armen und Handgelenken –, kann Worten zusätzlich Nachdruck verleihen. Diese Gestik bietet sich an, wenn Sie beispielsweise eine Gruppe für ein gemeinsames Ziel begeistern möchten. Aber Vorsicht: Solche Gesten wirken leicht übertrieben. Festklammern dagegen macht immer einen schlechten Eindruck! Halten Sie sich also nicht an einem Stift oder an Ihren eigenen Fingern fest – das ist ein Zeichen für eine innere Barriere und hindert Sie außerdem daran, Gesten einzusetzen. Ebenso negativ wirken Hände, die in Brustnähe ineinander verkeilt werden – damit strahlen Sie eher Unsicherheit statt Kompetenz aus!

Die Summe macht's

Insgesamt gilt: Nur viele kleine Details und Nuancen zusammen ergeben ein komplettes und wahrheitsgetreues Bild eines Menschen! Investieren Sie daher ruhig etwas Zeit ins Üben – dann werden Sie von Mal zu Mal eloquenter in Ihrer Körpersprache. Und üben können Sie schließlich überall, wo Sie Menschen um sich haben: mit Ihrer Familie, im Cafe oder im Büro. Achten Sie dabei sowohl auf Ihre eigenen nonverbalen Signale als auch auf die Körpersprache der anderen Menschen. Aber: Nicht nur Mimik, Gestik, Haltung und Bewegungen haben eine Aussagekraft, sondern auch die Erscheinung eines Menschen insgesamt, seine Gesichtsform oder sein Körperbau. Was sich hinter diesen körperlichen Merkmalen verbirgt, erfahren Sie im nächsten Kapitel.

Lügendetektor

_was der Körper spricht: Während Ihr Gesprächspartner ein Angebot prüft, über einen Vorschlag nachdenkt oder einer Präsentation folgt, verzieht er seine Lippen zu einer Schnute.

_was der Körper verrät: Wer in so einer Situation eine Schnute erkennen lässt, signalisiert damit ganz deutlich, dass er unsicher ist und noch keine Entscheidung getroffen hat.

Lügendetektor

_was der Körper spricht: Ihr Gegenüber spannt die Lippen und zieht sie nach hinten, sodass der Mund an sich sehr schmal wird.

_was der Körper verrät: Gespannte Lippen können sowohl auf Angst als auch auf Wut und Zorn hinweisen. Das Zurückziehen der Lippen und das Verschließen des Mundes entsprechen in beiden Fällen auch einem innerlichen Rückzug.

Lügendetektor

_was der Körper spricht: Wie die Nationalmannschaft beim Freistoß halten Männer im Stehen häufig ihre Hände schützend vor ihren Unterleib.

_was der Körper verrät: Diese Freistoßhaltung beim Mann ist eine klassische Schutzhaltung und signalisiert daher ganz offensichtlich Unsicherheit und mangelndes Selbstbewusstsein.

Lügendetektor

_was der Körper spricht: Manche Redner stehen während eines Vortrags oder einer Präsentation breitbeinig vor dem Publikum und stemmen noch dazu ihre Hände in die Hüften.

_was der Körper verrät: Mit dieser Pose versucht ein Redner, mehr Platz zu beanspruchen und Souveränität zu vermitteln, zeigt den Zuhörern aber vor allem seine dominante Seite.

Lügendetektor

_was der Körper spricht: Achten Sie einmal darauf, in welchen Situationen ein Gesprächs- oder Verhandlungspartner an seinem Ringfinger herumspielt oder diesen reibt.

_was der Körper verrät: Nicht ohne Grund tragen wir einen Verlobungs- oder Ehering an unserem Ringfinger, denn er steht für unsere gefühlvolle Seite. Darum ist eine Person, die andauernd an ihrem Ringfinger herumspielt, emotional involviert.

Lügendetektor

_was der Körper spricht: Sie sind mit einem Geschäftspartner im Gespräch und er stellt plötzlich seine ineinander verschränkten Finger auf, sodass sie nach oben zeigen.

_was der Körper verrät: Die sogenannte Igel-Geste verdankt ihren Namen nicht nur der bildlichen Parallele. Ebenso wie ein Igel, der seine Stacheln aufstellt, wehrt auch eine Person, die die Finger aufstellt, etwas ab, mit dem sie nicht einverstanden ist.

Lügendetektor

_was der Körper spricht: Sie verhandeln mit Ihrem Gesprächspartner am Tisch und bemerken dabei, dass seine Fußspitze von Ihnen wegzeigt.

_was der Körper verrät: Dreht sich die Fußspitze weg, ist Ihr Gegenüber mit Ihnen nicht einer Meinung und sieht Ihren Vorschlag eher kritisch.

Lügendetektor

_was der Körper spricht: Ihr Gesprächspartner sitzt nur auf der Stuhlkante und wippt dazu noch nervös vor und zurück.

_was der Körper verrät: Wer nur auf der Stuhlkante sitzt, ist im wahrsten Sinne des Wortes »auf dem Sprung«. Er signalisiert, dass er am liebsten sofort aufspringen und gehen würde, ist uninteressiert oder verunsichert.

Jeder Körper spricht anders

Sind Sie ein Macher, ein Herzlicher, ein Realist oder ein Visionär? Jeder Mensch tendiert zu einem bestimmten Persönlichkeitstyp. Welcher Charakter dabei der dominierende ist – bei Ihnen selbst, Ihrem Partner oder Arbeitskollegen –, das verrät unsere Körpersprache ...

Den Körper sehen, den Menschen verstehen!

Wann haben Sie das letzte Mal in den Spiegel geschaut und sich gesagt: »Ich mag dich. Genau so, wie du bist!« Wahrscheinlich vor langer Zeit – oder vielleicht noch nie? Gehören Sie auch zu den Menschen, die vor allem sich selbst gegenüber sehr kritisch sind? Die meisten Menschen tendieren nämlich dazu, an sich Äußerlichkeiten zu sehen, Eigenschaften zu erkennen oder Verhaltenstendenzen ausfindig zu machen, die überhaupt nicht existieren – oder zumindest nicht in so starkem Maße, wie man sie an sich selbst wahrzunehmen glaubt. Tatsächlich sind nur wenige mit sich und ihrem Aussehen zufrieden. Und dabei kann es uns durchaus gelingen, unseren Körper zu akzeptieren, wenn wir versuchen, seine Entwicklung nachzuvollziehen und seine Veränderungen zu verstehen.

Nicht umsonst formt und gestaltet sich der Körper im Laufe unseres Lebens. Gedanklich verändern wir uns jede Sekunde – und da unsere Gedanken Auswirkungen auf unseren Körper haben, formen sie auch ihn. So lässt zum Beispiel die berühmte Zornesfalte darauf schließen, dass der betreffende Mensch sich im Laufe seines Lebens häufig konzentriert hat. Eine tiefe Nasolabialfalte, die von den Nasenflügeln zu den Mundwinkeln verläuft, deutet dagegen auf eine mitfühlende Person hin. Was die Mundform betrifft, gilt Folgendes: »Ein breiter Mund will sprechen, ein schmaler hält die Klappe, prüft und antwortet mit dem Verstand.« Und tatsächlich verfügen die meisten Boulevard-Moderatoren über große, volle Lippen, bei Gastgebern seriöser Talk-Shows dagegen finden sich eher kleine, schmale, gespannte Lippen. Ein ausgeprägter Unterkiefer wiederum ist ein Hinweis darauf, dass dieser Mensch mit Konsequenz und Energie seine Ziele verfolgt. Nicht zusammenhängende Stirnfalten deuten auf häufig unterbrochene Gedankengänge hin. Und sicher kennen Sie auch jemanden, der immer eine leicht gebeugte Haltung einnimmt: Dieser Mensch trägt im wahrsten Sinne des Wortes eine schwere Last auf seinen Schultern.

Doch egal, welche physische Charakteristik Sie auch aufweisen, denken Sie immer daran: Sie sind, wie Sie sind – und das ist gut so! Sie haben in Ihrem Leben eine Entwicklung durchgemacht – und aufgrund dieser vielfältigen Erlebnisse und Erfahrungen sind Sie heute genau der Mensch, den Sie im Spiegel sehen. Deshalb: Vergessen Sie nie, dass Sie einzigartig sind! Es gibt Sie nur einmal auf dieser Welt – einmal unter 6,6 Milliarden Menschen.

Warum Sie so sind, wie Sie sind

Karriere, Glück, eine erfüllte Beziehung und Gesundheit – all das hängt angeblich vor allem von unserer Persönlichkeit ab. Lange war man sogar der Ansicht, die Persönlichkeit eines Menschen sei bereits bei Geburt durch seine Gene definiert. Eine andere Theorie besagte, dass der Mensch als unbeschriebenes Blatt auf die Welt kommt und von seinen engsten Bezugspersonen geformt wird. Neueste Forschungen hingegen belegen beides: Unsere Persönlichkeit ist zum einen ein Resultat unserer Gene und zum anderen das Ergebnis gesellschaftlicher Rahmenbedingungen – wobei sich beide Anteile etwa die Waage halten. Wir sind also nicht auf eine bestimmte Persönlichkeit festgelegt, sondern haben die Möglichkeit, uns immer weiterzuentwickeln – abhängig von unseren Fähigkeiten und dem gesellschaftlichen Umfeld. Da der Mensch aber bekanntlich ein Gewohnheitstier ist, und Veränderungen immer etwas Unbekanntes und damit auch ein Risiko bedeuten, verharren viele Menschen lieber in ihren gewohnten Verhaltensmustern – und somit in ihrer bestehenden Persönlichkeit.

Doch wie können Sie wissen, welche Art von Persönlichkeit Sie haben? Um diese erkennen zu können, gibt es unzählige Modelle, die verschiedene Charaktere vorwiegend nach bestimmten Eigenschaften und Verhaltensweisen unterscheiden. Doch ist es auch möglich, die Persönlichkeit eines Menschen aufgrund von Äußerlichkeiten zu erkennen? Wenn Gedanken Auswirkungen auf den Körper haben, müssten unterschiedliche Charaktere sich doch auch in Form eines bestimmten Auftretens äußern. Und genauso ist es: Die ersten Anfänge dieser Theorie, der sogenannten Wesenskunde, gehen bis ins Jahr 495 v. Chr. zurück. Seitdem haben sich zahlreiche Gelehrte und Wissenschaftler mit diesem Thema beschäftigt, sodass uns heute ein fundiertes Modell vorliegt, das vier Persönlichkeitstypen unterscheidet – die sogenannten Basis-Charaktere.

Die vier Basis-Charaktere

Mit dem Begriff Persönlichkeit bezeichnen wir die Gesamtheit der Eigenschaften und Verhaltensweisen, die ein Mensch besitzt: hilfsbereit, jähzornig, heiter, zurückhaltend … Abhängig vom Persönlichkeitstypus tendieren Menschen dazu, in ein und derselben Situation unterschiedliche Verhaltensweisen an den Tag zu legen – je nachdem, welche Charakterprägung bei ihnen überwiegt.

Stellen Sie sich einmal folgende Situation vor: Vier Männer – Hannes, Thomas, Jakob und Ingo – haben sich in dieselbe Frau verliebt. Doch ihr Schwarm lässt jeden von ihnen abblitzen. Alle vier sind darüber natürlich alles andere als erfreut. Sie zeigen aber sehr unterschiedliche Reaktionen auf die Abfuhr und jeder verarbeitet das Erlebnis auf seine Art und Weise:

Hannes reagiert laut und cholerisch, er macht sich Luft, indem er schimpft und droht. Sein Blick ist durchbohrend, seine Hände ballen sich zur Faust und er nimmt schnaubend eine Art Kampfstellung ein. Voller Zorn ergreift er schließlich das Bild der Angebeteten, zerreißt es in tausend Stücke und schimpft wütend und lautstark vor sich hin: »Die wird schon noch sehen, was sie verloren hat!«

Auch Thomas schimpft wie ein Rohrspatz mit außerordentlicher Wortwahl und teilt seinen Frust jedem bekannten Menschen mit. Er ist erzürnt, traurig, weint und lässt seiner Wut und seinem Zorn freien Lauf. Doch nach geballter Energieentladung fühlt er sich besser. Und denkt sogleich an Maria, eine andere, ebenfalls zauberhafte Frau, die ihm gut gefällt …

Jakob stattdessen verkriecht sich, starrt Löcher in die Wände, hört traurige Musik und erleidet mit großem Herzschmerz seinen Liebeskummer. Er ist überzeugt davon, dass er nie über diese Sache hinwegkommen wird, denn die Angebetete war die große Liebe seines Lebens.

Ingo schließlich reagiert wieder ganz anders: Er verliert nicht die Beherrschung, sondern macht sich intensiv Gedanken darüber, ob er bei dieser Frau etwas falsch gemacht hat und wie er mit so einer Situation in Zukunft umgehen sollte. Er strahlt dabei Ruhe und Gelassenheit aus. Nachdem er genug gegrübelt hat, sieht er die Sache als abgeschlossen an und denkt sich: »So, nun kann ich mich wieder in Ruhe meinen Aufgaben widmen.«

Was zeigen diese Beispiele? Je nach Persönlichkeit gehen Menschen mit dem gleichen Erlebnis ganz unterschiedlich um. Diese Erkenntnis sollten wir uns ruhig öfter mal zu Gemüte führen, denn sie kann uns dabei helfen, dem Verhalten anderer statt mit Kopfschütteln mit Verständnis zu begegnen. So können wir Missverständnisse vermeiden und den Umgang mit unseren Mitmenschen verbessern.

Doch woher wissen wir, welcher Mensch welchem Charakter entspricht? Das lässt sich nicht immer auf die Schnelle beantworten. Vor allem dann nicht, wenn wir auf fremde Menschen treffen. Oder uns in beruflichen Situationen befinden, in denen wir uns ganz auf die Gesprächsinhalte konzentrieren müssen. Dann haben wir kaum die Gelegenheit, uns ausgiebig mit dem Charakter unseres Gegenübers auseinanderzusetzen. Je mehr Sie daher über die verschiedenen Persönlichkeitstypen und ihre Charakteristika wissen, desto schneller können Sie eine Person einschätzen und auf sie eingehen.

Was die ganze Angelegenheit allerdings etwas schwieriger macht, ist die Tatsache, dass nur etwa jeder zehnte Mensch ganz einem bestimmten Persönlichkeitstyp zugeordnet werden kann – und damit ist gemeint: ausschließlich diesem einen Typ. Die meisten Menschen sind dagegen Mischtypen, die verschiedene Persönlichkeitsfassetten in sich vereinen. So können wir in den einzelnen Lebensbereichen ganz unterschiedliche Verhaltenstendenzen aufweisen: Der dominante Chef zeigt sich beispielsweise zu Hause als fürsorglicher Vater. Oder der zurückhaltende Angestellte wird nach Feierabend zum autoritären Familienoberhaupt.

Aber keine Sorge: Im Großen und Ganzen lässt sich bei jedem Menschen eine Hauptausprägung seiner Persönlichkeit feststellen, die über die weiteren Charakterzüge dominiert. Um die jeweiligen Ausprägungen zu erkennen, helfen Ihnen aber nicht nur die jeweiligen Verhaltenweisen weiter, sondern auch das äußere Erscheinungsbild und die Körpersprache eines Menschen geben Aufschluss über seinen Charakter. Mit ein wenig Übung wird es Ihnen von Mal zu Mal leichter fallen, andere Menschen einzuschätzen. Seien Sie aber vorsichtig damit, vorschnelle Schlüsse zu ziehen, denn die verschiedenen Temperamente richtig wahrzunehmen, bedarf einer längeren Lern- und Trainingsphase.

Sie wollen gern wissen, welcher Typ Sie sind, oder die Persönlichkeit eines Bekannten entschlüsseln? Dann machen Sie einfach den folgenden Test.

Test: Welcher Typ sind Sie?

Jeder Mensch besitzt ein individuelles Persönlichkeitsprofil, zeigt bestimmte Neigungen und Verhaltenstendenzen. Sicher haben auch Sie sich schon einmal gefragt, welchem Charakter Sie wohl am ehesten entsprechen. Sind Sie eine realistische oder eine herzliche Persönlichkeit? Packen Sie gern selbst an oder möchten Sie anderen Menschen Ihre Visionen näher bringen? Das können Sie mit folgendem Test ganz einfach herausfinden:

In 21 Fragen werden Eigenschaften, Merkmale und Einstellungen zu verschiedenen Lebensbereichen abgefragt – in der Auswertung ergibt sich dann eine Tendenz zu einem der vier Persönlichkeitstypen. Sie entscheiden sich zunächst bei jeder der folgenden Aussagen für eine Antwort. Falls keine der Antwortvorgaben eindeutig auf Sie zutrifft, wählen Sie die Aussage, die Ihnen am ehesten entspricht. Dazu markieren Sie den für Ihre jeweilige Antwort vorgegebenen Buchstaben – und zwar a, b, c oder d.

Zählen Sie anschließend zusammen, wie oft Sie eine Antwort gewählt haben, die mit dem Buchstaben a gekennzeichnet ist. Ebenso verfahren Sie mit den Buchstaben b, c und d. Der Buchstabe, der die höchste Punktzahl erreicht hat, gibt an, welchem Persönlichkeitstyp Sie entsprechen.

Und noch ein Tipp, bevor Sie anfangen: Ein authentisches Ergebnis erhalten Sie, wenn Sie beim Antworten nicht erst lange nachdenken, sondern die einzelnen Fragen schnell durcharbeiten und sich spontan für eine Aussage entscheiden!

Wenn ich mit anderen kommuniziere, dann ...

_b zeige ich auch Interesse und erkundige mich, wie es meinem jeweiligen Gesprächspartner geht.

_d zählen für mich vor allem Informationen, und ich vertrete konsequent meinen Standpunkt.

_a finde ich schnell Kontakt und setze mich gekonnt in Szene.

_c beobachte ich mein Gegenüber immer ganz genau, antworte diplomatisch und eher rational.

Wenn ich ein Ziel vor Augen habe, dann ...

_a steuere ich es willensstark und mit großem Engagement an.

_d reagiere ich schnell und impulsiv.

_c überlege ich mir gründlich alle Vor- und Nachteile.

_b kommen mir gleichzeitig noch viele andere Ideen in den Sinn.

Wenn ich mit einer Person flirte, dann ...

_d lasse ich mich voll und ganz in die Situation hineinfallen und provoziere auch gerne mal.

_a wirke ich wie ein Magnet und weiß, was gut ankommt.

_c bleibe ich mir treu und gebe mich, wie ich bin.

_b möchte ich so viel wie möglich vom anderen erfahren.

Wenn ich meinen Wohnstil betrachte, dann ist meine Wohnung ...

_a puristisch eingerichtet.
_c praktisch eingerichtet.
_d auffallend eingerichtet.
_b liebevoll eingerichtet.

Wenn ich einkaufe, dann ...

_c wäge ich zunächst einmal das Preis-Leistungsverhältnis ab.
_a gilt das Motto: Lieber weniger, aber mit guter Qualität.
_b aber so richtig …
_d greife ich immer zu den neuesten Produkten und Technologien.

Wenn es Konflikte in der Partnerschaft gibt, dann ...

_d kann ich gereizt, sarkastisch und heftig reagieren.
_c brauche ich vor allem Zeit und Ruhe zum Nachdenken.
_a kann ich hart reagieren und schnell eine Entscheidung treffen.
_b muss ich erst einmal über die Probleme reden, um sie zu begreifen.

Wenn ich in einem Team arbeite, dann ...

_a dauert es nicht lange, bis ich die Führungsfunktion übernehme.
_d ecke ich bei einigen Kollegen immer wieder an.
_c handle ich mit Ruhe und behalte den Überblick.
_b arbeite ich meine Aufgaben zuverlässig nacheinander ab.

Wenn ich mich entspannen will, dann ...

_c liege ich gerne auf der Couch.
_b kann ich das am besten in Gesellschaft von Freunden.
_d brauche ich mal Bewegung, mal Ruhe.
_a treibe ich am liebsten Sport.

Wenn ich meinen Körper betrachte, dann ...

_a erkenne ich einen langen, starken Knochenbau mit fester Muskulatur.
_b sehe ich einen zierlichen Habitus mit feiner Muskulatur.
_c erkenne ich einen mittelgroßen Körper mit einem Bauchansatz.
_d sehe ich sehr lange oder sehr kurze Extremitäten.

Wenn ich eine Entscheidung zu treffen haben, dann ...

_a nehme ich die Herausforderung gerne an und entscheide mich schnell und ohne groß zu grübeln.
_c wäge ich alle Vor- und Nachteile gründlich ab und treffe dann die objektiv sinnvollste Wahl.
_d gehe ich durchaus gerne auch mal ein Risiko ein.
_b handle ich nach dem Motto »Probieren geht über Studieren«.

Wenn ich mich bewege, dann ...

_a elegant und stilvoll.
_b locker und beschwingt.
_c mit Ruhe und Andacht.
_d schnell, getaktet und fahrig.

Wenn ich mein Leben betrachte, dann ...

_a gibt es noch viele große Ziele, die ich konsequent anstrebe und sicher auch erreichen werde.

_c habe ich schon einige der Ziele erreicht, die ich mir gesetzt hatte.

_b bin ich gespannt, was mir das Leben noch Spannendes beschert.

_d bin ich ständig auf der Suche nach etwas Neuem.

Wenn ich meinen Kleiderschrank öffne, dann ...

_c finde ich einen einigermaßen aufgeräumten Schrank vor.

_b sehe ich, dass er viel zu voll ist – Wegwerfen fällt mir nämlich grundsätzlich nicht leicht.

_d finde ich eine bunte Mischung an Klamotten von Designern wie auch von Billiganbietern vor.

_a sehe ich nur einige wenige Stücke darin hängen – nämlich hochwertige Anzüge und Kostüme.

Wenn ich mein Gesicht betrachte, dann ...

_d fallen mir asymmetrische, spitze oder kantige Züge auf.

_b erblicke ich ein herzförmiges Gesicht mit großen Augen, vollen Lippen und einer feinen Haut.

_a kann ich eine längliche, kantige Gesichtsform mit einer sehr markanten Nase erkennen.

_c sehe ich einen runden und breiten Kopf mit einer eher großporigen Haut.

Wenn ich mit anderen gemeinsam an einem Projekt arbeite, dann ...

_d kann es jederzeit vorkommen, dass ich festgelegte Punkte ändern möchte.

_c arbeite ich die Teilschritte konsequent nacheinander ab.

_b diskutiere ich gerne mit den anderen Beteiligten über Projektinhalte und das Vorgehen.

_a geht es mir oft zu langsam voran.

Wenn ich in Stress gerate, dann ...

_b kann es schon mal chaotisch werden.

_a komme ich erst richtig in Schwung.

_c mache ich mir Sorgen, dass die Qualität meiner Arbeit darunter leidet.

_d werde ich schnell sprunghaft, unruhig und zynisch.

Wenn ich meinen Schreibtisch sehe, dann ...

_b sehe ich Fotos, Bilder, Pflanzen oder andere lieb gewonnene Dinge.

_d herrscht Chaos oder Leere.

_a finde ich nur einen Bildschirm, eine Tastatur und einen teuren Füller vor.

_c liegen viele Bücher, Dokumente und Unterlagen darauf – aber alles mit System sortiert.

Wenn ich meine Bücherregale betrachte, dann...

_a sehe ich vor allem Sachbücher.

_b befinden sich darin viele Romane.

_c stehen dort praktische Ratgeber.

_d finden sich vor allem wissenschaftliche Bücher.

Wenn ich meine Freundschaften betrachte, dann ...

_c bin ich sehr zuverlässig und fürsorglich in der Kontaktpflege.

_d habe ich wenige, aber ausgewählte Bekannte und Freunde.

_a übernehme ich gerne die Verantwortung und bestimme in der Freundschaft, wo es langgeht.

_b zeigt sich, dass mir Freunde sehr wichtig sind, und ich deshalb auch jederzeit für sie da bin.

Wenn ich Urlaub mache, dann ...

_a nehme ich meinen Laptop und mein Handy mit.

_b fahre ich an Orte, wo viel Leben herrscht.

_c fahre ich am liebsten an einen mir bekannten Ort.

_d möchte ich auch mal verrückte Dinge ausprobieren.

Wenn andere mit einem Problem zu mir kommen, dann ...

_b bin ich mitfühlend und optimistisch.

_a bin ich ein guter Berater und analysiere die betreffende Situation.

_c bin ich ermutigend, aber ermahne durchaus auch mal.

_d bin ich direkt und sage schonungslos meine Meinung.

Auswertung

Wie oft haben Sie sich für a, b, c oder d entschieden? Tragen Sie hier Ihr Ergebnis für jeden Buchstaben ein:

a = ______ Mal
b = ______ Mal
c = ______ Mal
d = ______ Mal

Jeder dieser vier Buchstaben steht für einen bestimmten Persönlichkeitstyp:
a = Der Macher
b = Der Herzliche
c = Der Realist
d = Der Visionär

Ergebnis

Der Buchstabe, den Sie mit Ihren Antworten am häufigsten erzielt haben, repräsentiert Ihren Persönlichkeitstyp: Je näher ihr Ergebnis an der Höchstzahl 21 liegt, desto eindeutiger ist der betreffende Typ bei Ihnen ausgeprägt. Möglicherweise kommen in Ihrer Auswertung aber auch zwei oder mehr Buchstaben in der gleichen oder einer ähnlichen Häufigkeit vor. Lassen Sie sich davon nicht verunsichern! So ein Ergebnis ist sehr häufig, da die meisten Menschen Mischtypen sind. Es zeigt nur, dass in Ihnen mehrere Charaktere schlummern und daher in Ihrem Verhalten verschiedene Neigungen zutage treten können – je nach Lebensbereich und Situation.

Sicher möchten Sie nun wissen, was hinter den einzelnen Persönlichkeitstypen tatsächlich steckt. Welche Verhaltensweisen sind typisch für diese vier Charaktere? Was ist den jeweiligen Persönlichkeiten wichtig im Leben? Welche Berufe ergreifen sie? Und vor allem: Wie geht man mit den jeweiligen Charakteren am besten um – in privaten wie in beruflichen Situationen? All das erfahren Sie in den folgenden Kapiteln.

Der Macher: Was will ich und wie komme ich voran?

Der typische Macher liebt es, präsent zu sein. Dabei sucht er immer die Herausforderung, stellt sich am liebsten abwechslungsreichen Aufgaben und löst gerne Probleme. Er ist voller Energie, hat einen scharfen Verstand und einen starken Willen. Es liegt ihm, vorausschauend und verknüpfend zu denken. Dabei ist er oft völlig in Gedanken versunken und wirkt dadurch auf andere schnell unnahbar.

Der Macher ist ein guter Organisator und hat den Ehrgeiz, sich an die Spitze zu setzen. Seine Devise lautet daher: »Wie komme ich voran?« Er kann sich leidenschaftlich für eine Sache einsetzen, wobei seine strukturierte Denkweise immer im Vordergrund steht. Er plant seine Vorgehensweise präzise und brilliert mit einem fundierten Wissen. Penible Kleinstarbeit lässt er jedoch lieber andere für sich erledigen, denn dafür hat er nicht die Muße.

Dieser Persönlichkeitstyp hat ein Faible für Ästhetik und Eleganz: Er liebt ein dezentes, aber stilvolles Ambiente – ganz nach dem Motto »Weniger ist mehr«. Außerdem zeigt er sich äußerst freiheitsliebend und mag es daher nicht, von anderen Menschen zu sehr vereinnahmt zu werden. In ihm herrscht wenig Ruhe, denn er ist die meiste Zeit damit beschäftigt, Dinge voranzutreiben. Entspannung findet er vor allem bei körperlichen Aktivitäten.

Ein Macher-Charakter kann sich emotional gut unter Kontrolle halten und seine Gefühle ganz pragmatisch nutzen. Respektvolles, faires und ehrliches Handeln ist diesem Menschen wichtig. Missfällt ihm etwas, dann kann er mit entschiedener Härte sagen, was Sache ist. Daher ist es nicht verwunderlich, dass das klassische Berufsbild eines Machers in Tätigkeiten mit leitender Funktion zu finden ist: Führungskräfte, Manager, Vorstände, Geschäftsführer, Polizisten, Offiziere – kurzum alle Berufe, die Präsenz erfordern.

Erscheinungsbild des Machers

Der Macher besitzt einen athletischen Körper: Die Muskulatur ist ausgeprägt beziehungsweise entwickelt sich bei ihm schnell. Schließlich braucht er Muskeln, um sich gut bewegen zu können und um voranzukommen. Die Haut eines solchen Persönlichkeitstyps ist fest und gespannt.

Weibliche oder männliche Macher sind meist etwas größer, haben breite Schultern, einen festen Brustkorb und eine starke, hervortretende Muskulatur mit wenig Fett. Macher-Frauen wirken oft burschikos, Schultern und Becken sind kräftig ausgebildet. Die Finger von Machertypen sind schlank und lang – ein Zeichen für ästhetisches und kultiviertes Auftreten. Ihr Gesicht ist ebenfalls muskulös, kantig und plastisch. Die Nase ist größer, eher länglich und besitzt häufig einen Höcker – dann spricht man auch von einer Willensnase: Diese Menschen streben danach, sich zu verwirklichen. Sie haben einen starken Antrieb und einen aktiven Leistungswillen –

__a Charakteristische Gesichtsform des Machers von vorne

__b Charakteristische Gesichtsform des Machers von der Seite

__c Typischer Körperbau des männlichen Machers von vorne und von der Seite

__d Typischer Körperbau des weiblichen Machers von vorne und von der Seite

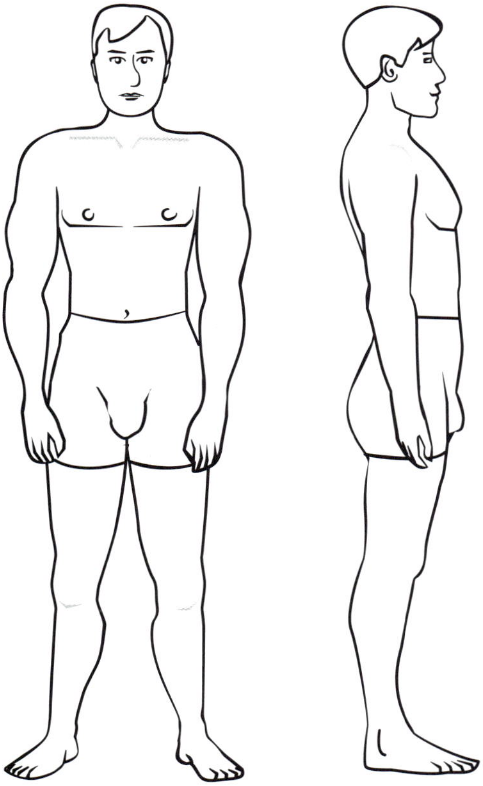

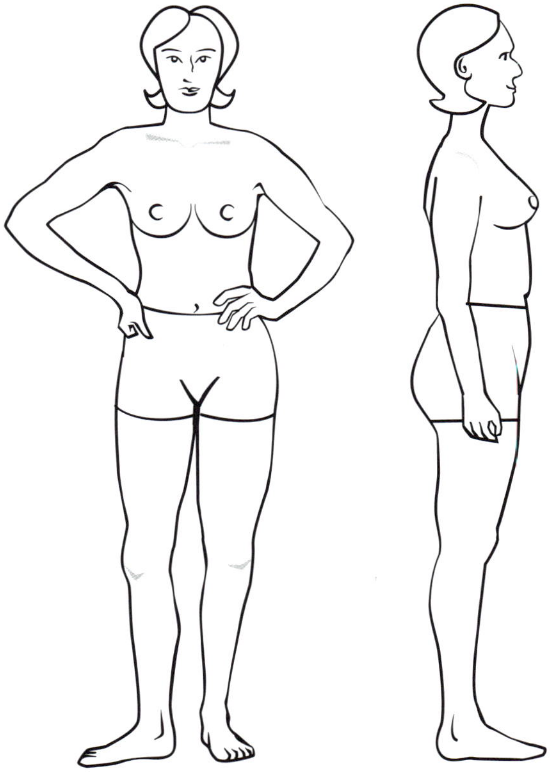

Hindernisse werden dabei einfach überwunden. Auch das Geltungsbedürfnis von Machern ist stark ausgeprägt: Unterordnen oder auf Freiheit verzichten, das fällt ihnen schwer. An der Unterstirn ist oft eine Art Wölbung erkennbar, die für praktisches Denken steht. Beim typischen Vertreter dieses Persönlichkeitstypus herrscht ein stetes Verlangen – entsprechend der Parole »Nichts ist unmöglich«. Er hat ausgeprägte Jochbeine, die für Widerspruch und gegen Beeinflussung von außen stehen – diese Menschen passen sich ungern an. Sie fühlen sich vielmehr dann gut, wenn sie sich mit anderen messen und dabei durchsetzen können.
Die Behaarung eines Machers ist dicht, und sein Haar wirkt strubbelig. Die Augen liegen nah beieinander, sind eher klein und liegen etwas tiefer in der Augenhöhle. Er beobachtet und fixiert gerne Dinge in seiner Umgebung, die sein Interesse geweckt haben. Um sich nach und nach auf ein Ziel zu konzentrieren, schaut er aber auch oft in die Ferne. Sein Blick ist klar, und seine Augen zeigen wenig Bewegung: Dadurch kann er gezielt sehr viele Informationen aufnehmen. Der Mund hat eine normale Größe, wobei häufig die Unterlippe dominiert. Eine volle, breite und hervortretende Unterlippe ist Ausdruck einer körperlichen Sinnlichkeit – getreu dem Leitspruch »Zuerst spüren und erleben«.

Körpersprache des Machers: vorankommen und wirken

Betritt der Macher einen Raum, so wirkt er wie ein Magnet: Man fühlt sich zu ihm hingezogen und dennoch bedarf es einiger Überwindungskraft, sich ihm zu nähern. Er erregt die Aufmerksamkeit mit seiner tiefen, vollen Stimme und einer pointierten Modulation in einem angemessenen Sprachtempo. Der Macher zeigt einen stolzen, aufrechten sowie eleganten Gang. Dabei ist seine Brust erhoben, die Schultern sind leicht zurückgezogen, und er bewegt sich mit großer Körperspannung. Er geht mit Schwung und großen Schritten, sodass seine Arme mitschwingen und er schwer zu bremsen ist. Das alles sind Zeichen permanenter Handlungsbereitschaft. Sein Kopf ist aufrecht und gerade ausgerichtet – so verliert er sein Ziel nicht aus den Augen. Um dorthin zu gelangen, nimmt ein Macher-Typ immer den kürzesten Weg. So scheut er sich beispielsweise nicht davor, quer durch einen voll besetzten Raum zu stolzieren, nur um wahrgenommen zu werden. Sein Blick strahlt Selbstsicherheit aus: Er sieht seinem Gegenüber direkt und lange in die Augen. Manchmal hebt er auch das Kinn an, um von oben auf den anderen zu blicken – so demonstriert er sein Geltungsbedürfnis.
Ein Macher steht außerdem immer fest auf beiden Beinen, um auf keinen Fall den Boden unter den Füßen zu verlieren. Mit Kraft und Stärke führt er seine Armbewegungen aus und erzielt mit wenigen, aber großen Gesten die gewünschte Aufmerksamkeit. Sein Blick strahlt zwar Ruhe aus, nimmt aber gleichzeitig alles um sich herum bis ins Detail auf – so bewahrt der Macher immer den Überblick. Negative Gefühle erkennt man bei so einer Persönlichkeit an einer gewölbten Brust, einem scharf fokussierenden Blick und zusammengepressten Lippen.

Körpermerkmale des Machers

An welchen Äußerlichkeiten merken Sie, dass Sie es mit einem Macher zu tun haben? Wie wissen Sie, ob Sie einem begegnet sind – im Privatleben oder auch im Job? Damit Sie diesen Persönlichkeitstyp in Zukunft problemlos und gleich auf Anhieb erkennen, finden Sie hier die charakteristischen Merkmale eines Machers auf einen Blick.

- **Knochenbau** – stark und lang
- **Muskulatur** – fest
- **Erscheinungsbild** – groß, muskulös und mit kräftigem, aber schmalem Becken
- **Gesichtsform** – kantig und länglich, markante Jochbeine
- **Stirn** – Unterstirn gewölbt
- **Augen** – klein und eng stehend mit tief liegenden Augen und einem Blick, der fixieren kann, aber auch in die Weite gerichtet ist
- **Nase** – groß, länglich, oft mit Nasenhöcker
- **Mund** – normal und gespannt, mit ausgeprägter, leicht hervortretender Unterlippe
- **Kiefer** – hervortretend und ausgeprägt

Der Herzliche: Was kann ich Gutes tun?

Der Herzliche strahlt vor allem Gutmütigkeit, Fröhlichkeit und Beständigkeit aus. Er arbeitet gern und stetig. Seine besonderen Stärken liegen in seiner Sanftheit und Gelassenheit – allerdings nur, solange er sich wohlfühlt.

In einer harmonischen Atmosphäre kann ein herzlicher Typ Höchstleistungen vollbringen. Dann entfaltet er sich und glänzt sowohl mit seiner Kreativität als auch durch seine Gefühlsempfindungen. Denn bei allem, was er tut, spielen Intuition und Gefühl eine große Rolle. Geht es allerdings darum, Entscheidungen zu treffen, räumt er sich lieber eine Bedenkzeit ein. Und versucht dabei, jegliche Risiken zu vermeiden. Er hat das Potenzial, Ideen und Pläne für die Zukunft zu entwickeln, überlässt das Umsetzen aber gerne anderen.

Erreicht ein herzlicher Typ ein gesetztes Ziel nicht, kann er durchaus ganz schön stur werden. Gerät er unter Druck oder befindet er sich in einer für ihn unangenehmen Atmosphäre, so fällt es ihm schwer, klar zu sehen. Prioritäten zu setzen oder sich an Veränderungen anzupassen – dafür braucht der Herzliche immer ein wenig Zeit. Von allem ein wenig, aber nichts ernsthaft – so kann der herzliche Typ irrtümlicherweise sogar als oberflächlich erscheinen. Tatsächlich ist er aber alles andere als das – er ist nämlich ein Familienmensch, der sehr auf Harmonie bedacht ist und sich durch seine Feinfühligkeit sowie sein soziales Engagement auszeichnet. Seine Devise ist: »Was kann ich Gutes tun?« Daher hat er große Freude daran, andere Menschen zu beschenken, ihnen zu helfen und über soziale Probleme zu diskutieren. Der Herzliche ist äußerst kommunikativ und beschäftigt sich gerne mit Themen aus dem seelisch-geistigen Bereich. Diese Charaktere sehnen sich nach tiefen Bindungen und Nähe – das soziale Miteinander steht bei ihnen immer im Vordergrund.

Für einen Herzlichen typische Berufe sind Tätigkeiten im sozialen Umfeld: Krankenschwester, Pfleger, Therapeut, Psychologe und Erzieher. Aber auch die Beschäftigung als Verkäufer zählt dazu sowie der Fulltimejob »Mutter sein«. Außerdem passen zu ihm kreative Jobs wie Künstler, Schauspieler oder Moderator.

Erscheinungsbild des Herzlichen

Der Körperbau eines Herzlichen ist schmal mit langem und flachem Brustkorb, schlanken Armen und zarten, feingliedrigen Extremitäten. Seine Muskeln sind zart, an der Brust treten die Rippen zählbar hervor. Es finden sich unter Herzlichen aber auch große und sehnige Personen, die für körperliche, vor allem sportliche, Leistungen besonders gut geeignet sind. Im Gesicht solcher Menschen findet sich kaum Fett, die Haut ist dünn und die Adern sind sichtbar. Die Haare des Herzlichen sind fein und häufig gewellt. Seine Oberstirn ist stärker ausgeprägt als die Unterstirn: Er sucht nach Idealen und ist sehr kontaktfreudig. Das zeigen auch seine Kontaktbäckchen, die bei anderen Typen normalerweise nur dann auftreten, wenn sie lachen – bei Herzlichen sind sie immer sichtbar. Ein weiterer Hinweis auf einen charmanten und liebevollen Umgang sind die Wangengrübchen. Auch die für einen Herzlichen typischen großen, runden Augen offenbaren sein Interesse an seinen Mitmenschen. Sie zeigen außerdem, dass der Betreffende viele Dinge gleichzeitig wahrnimmt und dass bei ihm das Bedürfnis stark ausgeprägt ist, anderen die eigenen Gedanken mitzuteilen. Die kleine Nase deutet darauf hin, dass Entscheidungen vorwiegend auf der emotionalen Ebene getroffen werden. Ein konkaver, also ein eher nach innen gewölbter Nasenrücken, lässt vermuten, dass das eigene Verhalten oft an den Entscheidungen anderer ausgerichtet wird. Dieser Persönlichkeitstyp wird überwiegend von Gefühlen geleitet – das zeigt ein großer und voller, aber gleichzeitig fein nuancierter Mund. Eine volle Oberlippe weist auf Kontaktfreudigkeit hin. Wenn diese zusätzlich ein wenig über der unteren steht, werden Wünsche vor der Verwirklichung mit dem eigenen Seelenleben abgeglichen. Das Kinn des Herzlichen ist oft fein, weich und rundlich: Diese Menschen passen ihre Wünsche den jeweiligen Gegebenheiten an, impulsive Willensäußerungen sind selten, und sie kümmern sich liebevoll und fürsorglich um andere. Das Kinn kann auch fliehend sein – dann ist es ein Hinweis darauf, dass der Betreffende eher zögerlich handelt.

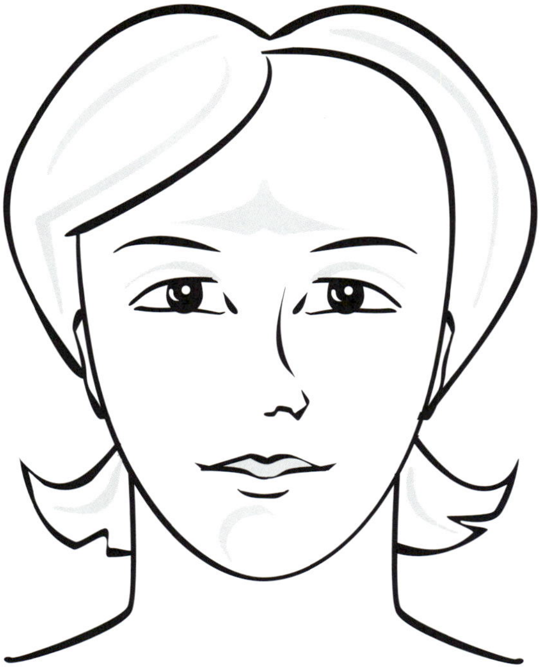

_a Charakteristische Gesichtsform des Herzlichen von vorne

_b Charakteristische Gesichtsform des Herzlichen von der Seite

_c Typischer Körperbau des männlichen Herzlichen von vorne und von der Seite

_d Typischer Körperbau des weiblichen Herzlichen von vorne und von der Seite

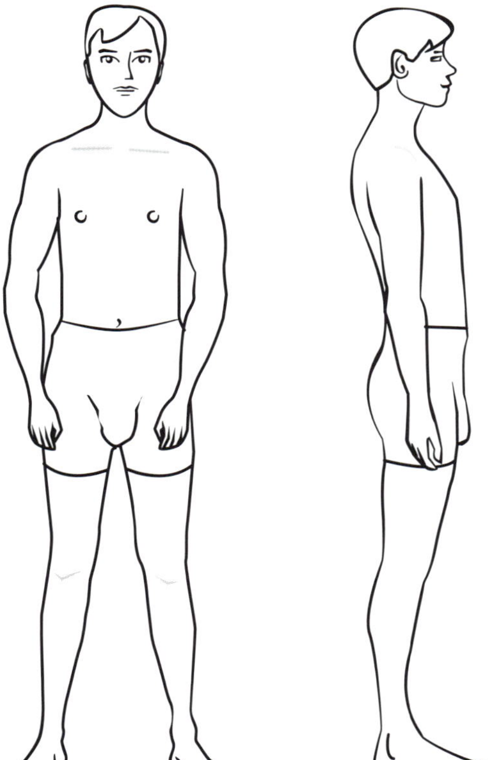

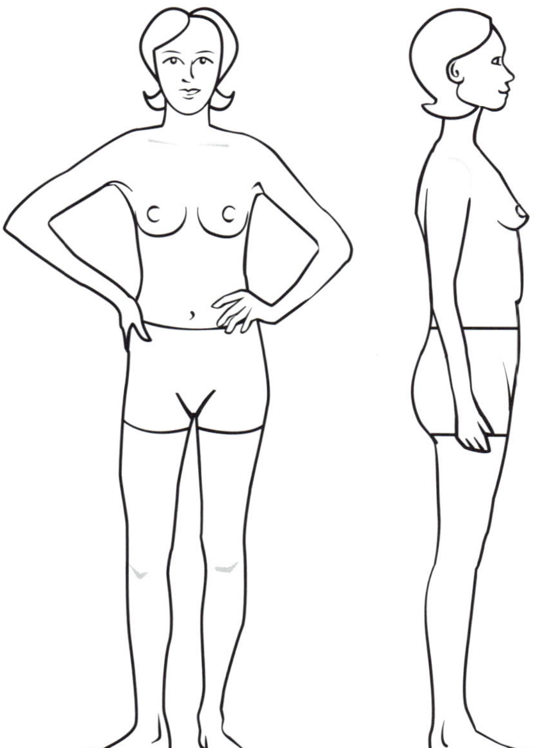

Körpersprache des Herzlichen: tanzen und fühlen

Der Herzliche tanzt förmlich durchs Leben – mal leicht, mal schwer. Betritt ein Herzlicher einen Raum, dann tut er das mit einem leichtfüßigen, tänzelnden Gang. Sein Schritt ist locker und nicht allzu groß, denn die Balance verlieren, das möchte er auf keinen Fall. Die Arme pendeln dabei locker am Körper hin und her – er zeigt sich offen für seine Umgebung. Fühlt er sich allerdings unbehaglich, dann schützt er seinen Bauchraum mit den Händen und sein Blick geht von unten nach oben – ein Zeichen für Unsicherheit. Den Nacken hält der Herzliche aber dennoch immer beweglich, damit er jederzeit sehen kann, was links und rechts passiert, denn er möchte keinesfalls etwas verpassen. Das ist auch der Grund für seine schnellen, wachen Augenbewegungen.

Im direkten Kontakt stellt er sich gerne seitlich zum Betreffenden – so kommt er demjenigen näher und kann gleichzeitig das Drumherum im Auge behalten. Unterhält er sich, dann neigt er häufig den Kopf zur Seite. Seine Stimme ist hell und hoch, die Modulation pathetisch und das Sprechtempo schnell und bewegt. Ist dem Herzlichen jemand sympathisch, berührt er ihn oder kommt ihm zumindest sehr nahe. Der herzliche Persönlichkeitstyp bewegt seine Arme lebendig, manchmal sogar fahrig. Häufig sind dabei die inneren Handflächen zu sehen, da der Herzliche gerne gibt und auch empfänglich dafür ist, etwas aufzunehmen.

Körpermerkmale des Herzlichen

Die Herzlichen in unserer Umgebung sind meistens leicht zu erkennen. Damit dennoch nichts schief geht, finden Sie hier die charakteristischen Merkmale dieses Persönlichkeitstyps: Damit identifizieren Sie die betreffenden Personen ohne langes Rätseln auf einen Blick!

- **Knochenbau** – fein und schmal
- **Muskulatur** – zart, manchmal auch sehnig
- **Erscheinungsbild** – nicht besonders groß, schmal im Schulter- und Beckenbereich
- **Gesichtsform** – herzförmiges Gesicht
- **Stirn** – Oberstirn stark, Unterstirn eher schwach ausgeprägt
- **Augen** – groß, kugelig, hervortretend und glänzend, oft ins Innere auf das Seelenleben blickend
- **Nase** – klein, zierlich, gerade oder konkav
- **Mund** – volle Lippen, wobei die obere Lippe stärker ausgeprägt ist als die untere
- **Kiefer** – klein, rundlich, fliehendes Kinn

Der Realist: Was bringt es mir?

»Harte Schale, weicher Kern« – das wäre eine passende Beschreibung für einen Realisten. Ein solcher Charakter besitzt eine gesunde Mischung aus Widerstandsfähigkeit, Intuition und Ernsthaftigkeit. So ist er in der Lage, immer den Weg zu finden, der ihn sicher zum Ziel führt. Dabei bleibt er sich selbst treu und handelt auch mal ohne Rücksicht auf andere – nach dem Motto: »Was bringt es mir?«

Der realistische Typ ist selbstbewusst und steht mit beiden Beinen fest im Leben, ist ein guter Organisator und behält dabei den Überblick. Seine Pläne setzt er tatkräftig mit Geduld und Ausdauer um. Wenn er allerdings unter Druck gerät, kommt er leicht ins Schleudern, geht letztlich aber doch effizient und pragmatisch vor.

Für seine Freunde ist er ein geselliger Zeitgenosse. Oft wirkt der Realist auch wie ein Beschützer – was vermutlich daran liegt, dass er in der Regel gesellschaftskonform denkt und handelt. Theoretische Gedankengänge liegen ihm allerdings nicht, er legt mehr Wert auf greifbare Fakten, wirtschaftliches Denken und materiellen Besitz – er lebt also ganz in der Wirklichkeit.

Ideale Berufe für einen Realisten sind beispielsweise Abteilungsleiter oder Beamter. Gut passt auch eine Tätigkeit in der Personalplanung oder im Sekretariat – also überall dort, wo Aufgaben übertragen werden, die es gewissenhaft und zuverlässig zu erledigen gilt, und wo Teamarbeit großgeschrieben wird. Auch die Leitung eines traditionellen Familienbetriebs eignet sich für einen Realisten.

Erscheinungsbild des Realisten

Der Realist ist stämmig, die Muskeln sind aber eher schwach ausgebildet. Er fällt oft durch eine gute Leibesfülle auf. Weitere Merkmale sind die mittelgroße, gedrungene Gestalt und ein weiches, breites Gesicht mit ledriger, großporiger Haut. Der Hals sowie die Arme und Beine wirken eher kurz, die Hände und Finger verhältnismäßig klein. Die Schultern fallen im Verhältnis zum Bauchbereich eher schmal aus. Seine Erscheinung insgesamt lässt also darauf schließen, dass körperliche Kraftanstrengungen nicht seine Sache sind und er kein großes Bedürfnis nach Bewegung besitzt.

Die Kopfform ist groß, breit und apfelförmig. Charakteristisch ist hier eine breitere Unterstirn, die auf ein praktisches, nüchternes und logisches Denken hinweist. Die Augen stehen eher etwas weiter auseinander – das lässt auf ein vielseitiges Interesse und eine vielschichtige Betrachtungsweise schließen. Oft sind die Augen des Realisten auch mandelförmig, das heißt der Betreffende ist auf der Suche nach dem Realen und filtert aus vielen Informationen immer die Essenz heraus. Die Nase eines realistischen Typs ist weder groß noch klein, aber breit: Damit können viele Informationen aufgenommen werden, die nach raschem Abgleich umgesetzt und verwirklicht werden. Dabei ist eine breite und fleischige Nasenspitze ein Hinweis auf Genussfähigkeit. Ein insgesamt breites Mittelgesicht signalisiert das Interesse an Kontakten – jedoch

_a Charakteristische Gesichtsform des Realisten von vorne

_b Charakteristische Gesichtsform des Realisten von der Seite

_c Typischer Körperbau des männlichen Realisten von vorne und von der Seite

_d Typischer Körperbau des weiblichen Realisten von vorne und von der Seite

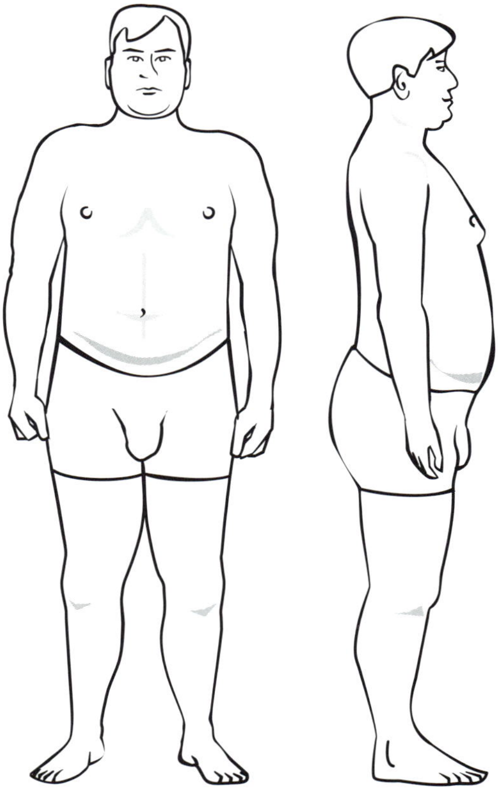

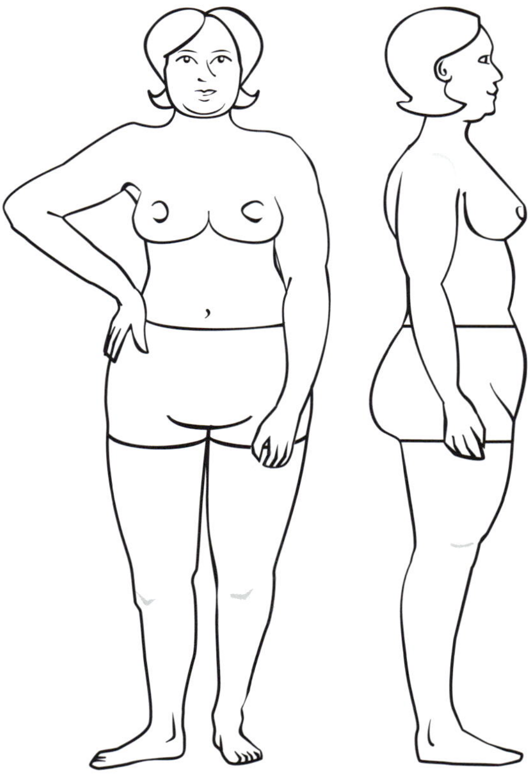

verstärkt an Personen, die dem Realisten nützlich sind. Der Mund hat eine ausgewogene Länge. Wenn etwas gesagt werden muss, dann erhebt der realistische Typ entschieden die Stimme. Diese ist eher tief, und sein Sprechtempo ruhig und bedächtig. Die vollen und wenig differenzierten Lippen lassen eine nüchterne, real-sinnliche Betrachtungsweise erkennen. Das Kinn ist voll, ein wenig kantig und breit – Realisten setzen durch, was sie wollen, und sie wissen, wo sie im Leben stehen.

Körpersprache des Realisten: bedächtig, aber mit Kraft

»In der Ruhe liegt die Kraft«, so das Motto dieses Persönlichkeitstyps. Betritt er einen Raum, dann wartet der Realist zunächst einmal ab. Dabei blickt er mit leicht erhobenem Kinn umher und verschafft sich einen Überblick. Die Aufmerksamkeit seiner Mitmenschen zieht er allein durch sein wirkungsvolles Auftreten auf sich: Sein Schritt ist langsam, aber kräftig, seine Hände bewegen sich beim Gehen kaum, und er schreitet ruhig und wirkungsvoll. Die Länge seines Schrittes ist angemessen – ein Zeichen von mäßiger Risikobereitschaft. Beim Stehen befinden sich beide Beine fest am Boden, die Knie sind durchgestreckt, das Becken ist vorgeschoben, und die Hände ruhen in den Hosentaschen oder sind locker hinter dem Rücken ineinander gefaltet. Grundsätzlich geht der realistische Typ sparsam mit Armbewegungen um. Möchte er allerdings etwas Bestimmtes erreichen, dann kann er Gesten gezielt einsetzen. Der Blick des Realisten ist ohne Feuer, er zeigt eher zurückhaltende Gesichtsausdrücke. Doch wenn andere sprechen, schenkt er ihnen seine volle Aufmerksamkeit, indem er sie anblickt und ein guter Zuhörer ist.

Körpermerkmale des Realisten

Sie möchten den Realisten unter Ihren Geschäftpartnern herausfinden, um optimal auf ihn eingehen zu können? In der folgenden Tabelle finden Sie alle wichtigen Charakteristika für einen realistischen Typ.

- **Knochenbau** – stämmig, kaum Spannung
- **Muskulatur** – nur mäßig ausgeprägt, schlaff
- **Erscheinungsbild** – nicht besonders groß, gedrungen, kurze Arme und Beine
- **Gesichtsform** – groß und apfelförmig
- **Stirn** – Unterstirn kräftig
- **Augen** – oft mandelförmig mit einem ruhigen Blick auf die nähere Umgebung
- **Nase** – normale Länge, fleischig und etwas breiter
- **Mund** – volle Lippen, die Unterlippe ist oft etwas stärker ausgeprägt
- **Kiefer** – breit und oft mit Doppelkinn

Der Visionär: Wie kann ich verändern?

Dem Visionär verdanken wir wirtschaftlichen, ökonomischen, gesellschaftlichen und technologischen Fortschritt. Er ist in der Lage, bestehende Strukturen zu hinterfragen, anzugreifen und aufzulösen. Er liebt die Veränderung, das Neue und Ungeahnte – und ist somit permanent bereit, sich neuen Herausforderungen zu stellen. Seine Handlungsweise kann impulsiv erfolgen und ohne Rücksicht auf gesellschaftliche Normen. Er sagt klipp und klar, was er denkt, schwimmt ungern mit dem Strom und eckt durchaus auch mal an oder grenzt sich sogar aus. Das bedeutet aber nicht, dass der Visionär ein liebloses Wesen hat. Vielmehr hat er den inneren Drang, Dinge zu hinterfragen und Neues kennenzulernen. Dieser Persönlichkeitstyp wird schnell unruhig, er fühlt sich getrieben, verliert dabei aber nie sein Ziel aus den Augen. Erreicht er das Angestrebte jedoch nicht, kann er durchaus zornig werden und gleichzeitig einen hoffnungslosen Eindruck machen.

Für den Preis neuer Erfahrungen nimmt ein Visionär aber immer das nötige Risiko in Kauf. Was ihn antreibt, ist allerdings keinesfalls Konkurrenzdenken, sondern sein Drang nach Bewegung. Nicht umsonst lautet seine Devise: »Wie kann ich verändern?« Bewegung ist jedoch für den Visionär nichts Kontinuierliches – wie es beim Persönlichkeitstyp des Machers der Fall ist –, sondern Bewegung geschieht vielmehr phasenweise. Hat er eine Vision, dann übernimmt er mit aller Kraft eine Art Vorbildfunktion, die ihm automatisch eine starke Präsenz und machtvolle Ausstrahlung verleiht. In diesen Phasen sprüht er vor Gedanken und Ideen, hat einen klaren Blick für Zusammenhänge und setzt diese Erkenntnisse mit viel Energie um. Gleichzeitig ist er auch offen für Anregungen von außen, lässt sich aber nicht gerne kontrollieren.

Wenn sich ein Visionär auf etwas einlässt, dann tut er es ganz und gar. Dann genießt er mit Leidenschaft – solange, bis es ihm langweilig wird. Genauso ist es in der Liebe: Ein visionärer Charakter begehrt die Spannung, das Neue, die Herausforderung. Doch bekanntlich wird auch das Neue irgendwann zur Gewohnheit …

Klassische Berufe für den Visionär-Typ sind Tätigkeiten, die bewegen, verändern und reformieren möchten: so zum Beispiel Forscher, Tüftler, Philosoph, Wissenschaftler oder auch Programmierer.

Erscheinungsbild des Visionärs

Auffällig beim Visionär ist eine gewisse Disharmonie seines Körpers und seiner Gesichtszüge. Seine inneren Energien und Bedürfnisse liegen im Streit mit sich und der Umwelt: Er möchte bewegen und gleichzeitig innehalten – und das erzeugt bei ihm eine innere Spannung, die besonders kreative Gedankengänge freisetzt. Seine körperlichen Asymmetrien äußern sich zum Beispiel in einer sehr großen Statur mit relativ kurzen Armen. Möglicherweise besitzt ein Visionär aber auch einen sehr langen Oberkörper und verhältnismäßig kurze Beine – oder genau umgekehrt.

_a Charakteristische Gesichtsform des Visionärs von vorne

_b Charakteristische Gesichtsform des Visionärs von der Seite

_c Typischer Körperbau des männlichen Visionärs von vorne und von der Seite

_d Typischer Körperbau des weiblichen Visionärs von vorne und von der Seite

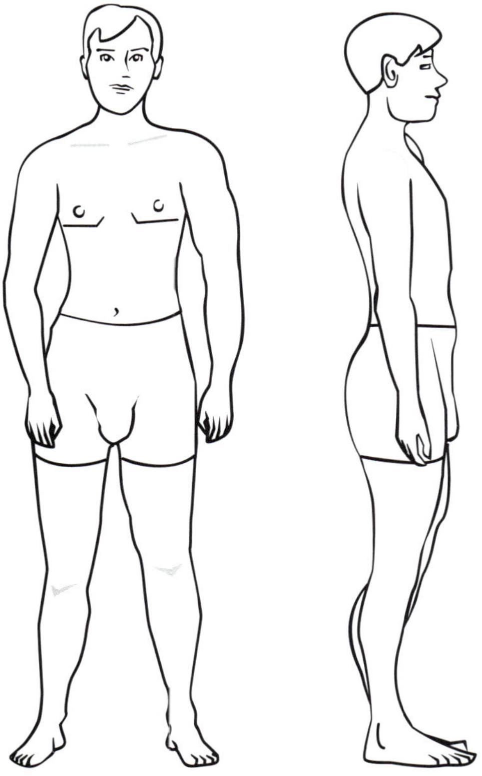

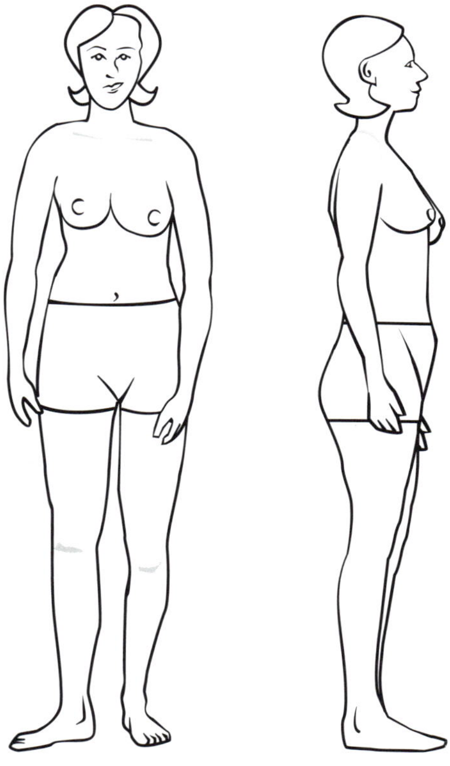

In seinem Gesicht gibt es meist Differenzen zwischen der linken und der rechten Gesichtshälfte. Oder es sind spitze, scharfe oder extrem breite Gesichtzüge erkennbar. Im Haar eines Visionärstyps gibt es Wirbel, oder der Haaransatz weist in der Mitte der Oberstirn eine Spitze auf – »Diabolos« genannt. Das ist griechisch und bedeutet »der Durcheinanderbringer«, weil Althergebrachtes von ihm immer wieder in Frage gestellt wird. So eine Spitze deutet aber auch auf eine gute Intuition hin. Die Augen eines visionären Charakters sind meist unterschiedlich hoch angesetzt, katzenartig und verschieden groß. Ein Hinweis darauf, dass der Betreffende eine Situation sehr vielschichtig betrachten kann. Symmetrische Katzenaugen – schräg nach oben angesetzt – lassen erahnen, dass dieser Mensch in der Lage ist, vorausblickend zu denken, und alle Auswirkungen schon im Vorfeld im Blick hat.

Das Gesicht eines Visionärs wirkt oft eingefallen, die Haut etwas grob – ein Zeichen von geringer Kontaktbereitschaft. Die Jochbeine sind nach vorne gerichtet, denn der Betreffende ist bereit, auch auf Konfrontationskurs zu gehen. Etwa wenn jemand versucht, über ihn zu bestimmen, denn das liegt dem Visionär gar nicht. Eine sichelförmige Nase zeigt, dass er nach Entfaltung seiner Persönlichkeit strebt und sich in Szene setzen kann. Eine schiefe oder asymmetrische Nase hingegen deutet darauf hin, dass dieser Mensch Dinge ohne genaue Planung in Angriff nimmt. Der Mund kann in die Breite gezogen und die Lippenführung unterschiedlich sein: Das verrät einen eloquenten Redner. Spitze Mundwinkel weisen auf Wendigkeit und Diplomatie hin. Das Kinn eines Visionärs ist asymmetrisch, spitz und vorspringend: Mit Impulsivität werden Ideen umgesetzt – manchmal auch zu impulsiv.

Körpersprache des Visionärs: schnell und impulsiv

Die Bewegungen des Visionärs sind immer abhängig von seiner jeweiligen Gefühlslage: Ist er im Rausch eines Schaffensdrangs, dann wirken seine Bewegungen sehr lebendig, fast schon fahrig, manchmal sogar inszeniert. Sein Gang ist schnell, aber durchaus getaktet – und nicht zu überhören. Im Stehen erscheint ein visionärer Typ immer ein wenig zappelig, da er ständig in Bewegung sein muss, denn das bedeutet für ihn Veränderung. Seine Armbewegungen sind übertrieben, schnell und ein wenig unharmonisch. Oft verwendet er sichtbare Ablehnungsgesten wie ein rasches Verschränken der Arme, eine geballte Faust, den Handkantenschlag oder ein Aufstampfen – dabei zeigt er einen fokussierenden Blick und aufeinandergepresste Lippen. Befindet sich der Visionär allerdings gerade in einer Ruhephase, dann sind seine Körperbewegungen ruhig, getragen, und er wirkt sogar etwas energielos. Seine Stimme kann schrill und wenig authentisch klingen, sein Sprechtempo und seine Modulation sind ebenfalls abhängig von seiner aktuellen Gefühlslage. In einer Schaffensphase klingt seine Modulation getaktet und staccato, in einer Ruhephase fast monoton. Die Kopfhaltung des Visionärs ist selten ruhig, er sieht in zackigen Bewegungen nach links und rechts, um ständig neue Informationen aufzunehmen. Will er jedoch etwas durchsetzen, dann wird der Kopf unbeweglich und verankert sich in einer bestimmten Position, bis er das Gewünschte erreicht oder zumindest in die Wege geleitet hat. Dabei entspricht Mittelmaß keinesfalls dem Gemüt eines Visionärs, er lebt vielmehr in Extremen: volles Engagement oder völlige Ruhe. Das zeigt sich auch in seiner Körpersprache.

Körpermerkmale des Visionärs

Sollten Sie einem Visionär begegnen, erkennen Sie ihn an bestimmten körperlichen Merkmalen und typischen Verhaltensweisen. Folgende Übersicht zeigt Ihnen die wichtigsten Charakteristika dieses Persönlichkeitstyps.

- **Knochenbau** – eher disharmonisch, unpassend proportioniert
- **Muskulatur** – unterschiedlich weich und stark
- **Erscheinungsbild** – klein bis groß, mit unterschiedlich langen Armen und Beinen
- **Gesichtsform** – sehr breit, sehr schmal oder sehr spitz
- **Stirn** – unausgeglichen, sehr breit, sehr schmal fliehend oder auch hervortretend, wobei die Unter- und die Oberstirn ungleichmäßig geformt sein können
- **Augen** – schlitzartig, sehr klein oder sehr groß, Blick schweift rastlos hin und her
- **Nase** – ungerade
- **Mund** – nicht gerade, sehr schmal oder sehr groß oder sehr volle Lippen
- **Kiefer** – ungleichmäßig spitz und kantig

Nun haben Sie die vier Basis-Charaktere kennengelernt und wissen auch, welchem Persönlichkeitstyp Sie entsprechen. Sie sind außerdem in der Lage, Ihre Mitmenschen den verschiedenen Typen zuzuordnen. Jetzt brauchen Sie nur noch ein wenig Praxis! Um Ihnen die ersten Schritte dabei zu erleichtern, finden Sie hier einige nützliche Tipps und Tricks, wie Sie Ihre Beobachtung schärfen können.
Betrachten Sie zunächst immer die gesamte Person. Wandern Sie mit Ihren Augen vom Großen zum Kleinen – von der Gesamterscheinung zu den Details. Was ist Ihr erster Eindruck? Was strahlt dieser Mensch aus? Herzlichkeit, Bodenständigkeit, Realismus, Unruhe …? Nach und nach betrachten Sie dann die einzelnen Körperpartien: Gesicht, Beine, Oberkörper. Welche Auffälligkeiten stellen Sie fest? Wenn Sie den Charakter Ihres Gegenübers schließlich erkannt haben und wissen, welche Verhaltenstendenzen dieser Mensch in sich trägt, dann können Sie sich bewusst auf ihn einstellen. Es wird Ihnen ein erfolgreicher Austausch in einer positiven Atmosphäre gelingen – in jeder Situation und mit jedem Temperament!

Verschiedene Typen – unterschiedlicher Umgang

Übung macht bekanntlich den Meister! Und so ist es auch, wenn Sie lernen wollen, die verschiedenen Charaktere einzuschätzen: Fangen Sie am besten gleich damit an und versuchen Sie, Ihren Partner, Ihre Eltern, Geschwister, Freunde oder Arbeitskollegen einzuordnen. Sie werden feststellen, dass sich manche Menschen ganz leicht einem der vier Basis-Typen zuordnen lassen, während es Ihnen bei anderen wiederum ganz schön schwerfallen wird. Das ist aber auch kein Wunder, denn jeder Mensch verfügt über eine Vielzahl unterschiedlicher Merkmale und Ausprägungen. Und jeder vereinigt mehr oder weniger alle vier Temperamente in sich – in einem jeweils ganz individuellen Verhältnis und einer gewissen Tendenz. Das klingt erst mal kompliziert? Lassen Sie sich nicht entmutigen – mit der Zeit wird es Ihnen immer leichter fallen, die Persönlichkeit anderer Menschen zu erkennen. Wenn Sie herausgefunden haben, welcher Haupttypus bei dem Betreffenden vorherrscht, haben Sie die Fäden schon in der Hand – für eine gute Beziehung, ein anregendes Gespräch oder eine erfolgreiche geschäftliche Verhandlung. Dann wissen Sie nämlich, was Ihr Gegenüber von Ihnen erwartet, und können sich entsprechend darauf vorbereiten. Das kann in den unterschiedlichsten Situationen äußerst hilfreich sein! Dazu sollten Sie allerdings wissen, wie sich die vier Temperamente in den jeweiligen Situationen verhalten und wie Sie am besten darauf reagieren – beim Flirt ebenso wie im Beziehungsalltag oder in beruflichen Situationen.

Flirt-Strategien mit Zukunftsperspektive

Sie haben eine neue Flamme und grübeln noch, wie Sie sie erobern können? Dann probieren Sie doch – je nach Charakter Ihres Schwarms – eine der folgenden Flirt-Strategien aus!

Wie Sie Macher erobern

Macher suchen sich ihre »Beute« am liebsten selbst aus. Dann erzählen sie gerne von ihren persönlichen Leistungen und sagen offen ihre Meinung – so wissen Sie gleich, woran Sie sind. Wollen Sie einen Macher erobern? Treten Sie selbstbewusst auf, diskutieren und argumentieren Sie. Und dann machen Sie sich wieder rar. Denn: Was selten ist, ist auch begehrenswert, und der Macher kämpft gerne um Raritäten. Rücken Sie ihm deshalb nicht auf die Pelle und sprechen Sie nicht gleich beim ersten Date über gemeinsame Zukunftspläne. Bewundern Sie lieber seine Erfolge und bringen Sie ihm Respekt und Anerkennung entgegen. Lassen Sie ihm seine Freiheit – dann kommt er von selbst auf Sie zu!

Wie Sie Herzliche erobern

Herzliche wollen umworben werden, und zwar auf überraschende und gefühlvolle Art und Weise: mit einem persönlichem Gedicht, einem besonderen Essen oder einem liebevoll gestalteten Präsent. Zeigen Sie ihnen außerdem Ihre Hilfsbereitschaft und geben Sie ihnen ein Gefühl von Sicherheit. Herzliche legen Wert auf eine enge Verbundenheit und regelmäßige gemeinsame Unternehmungen. Zeigen Sie sich einem herzlichen Typ gegenüber mitfühlend und stellen Sie individuelle Fragen – dann öffnet er sich und erzählt ganz von alleine …

Wie Sie Realisten erobern

Realisten wollen nicht im Sturm erobert werden. Die Annäherung sollte eher langsam vor sich gehen, um erst einmal das Preis-Leistungsverhältnis der Begegnung abwägen zu können. Realistische Typen mögen eine berechenbare, aber ehrliche Art. Unterlassen Sie deshalb großartige Lobeshymnen und Höhenflüge – weniger ist bei ihnen oft mehr. Hören Sie solchen Menschen aufmerksam zu, treffen Sie Entscheidungen gemeinsam mit ihnen und drängen Sie sie dabei nicht. Achten Sie immer auf eine entspannte Atmosphäre, wenn Sie Zeit zusammen verbringen!

Wie Sie Visionäre erobern

Das Herz eines Visionärs gewinnen Sie durch ein kontrastreiches Flirtprogramm: Hier sind Ihre Kreativität und Impulsivität gefragt! Mit Visionären sollten Sie immer offen reden und ihre ausgefallenen Ideen angemessen bewundern. Stellen Sie ausreichend visionäre Fragen und philosophieren Sie mit ihnen – das gefällt solchen Menschen! Je verrückter, desto besser! Zeigen Sie sich ihnen gegenüber vor allem flexibel, und das in jeder Hinsicht – nämlich auch, was eine möglicherweise gemeinsame Zukunft betrifft …

Harmonie in der Partnerschaft

Vor allem in langjährigen Beziehungen sind die Erwartungen groß. Und ebenso die Enttäuschungen, wenn der andere mal wieder nicht so reagiert, wie man es sich wünscht. Je nach Temperament Ihres Partners können Sie aber einiges für eine harmonische Partnerschaft tun …

Wie Sie mit einem Macher umgehen

Nehmen Sie es einem Macher nicht übel, wenn er mal schroff klingt – er ist einfach bestrebt, die Dinge schnell voranzubringen. Bewundern Sie seine Leistungen und verwöhnen Sie ihn mit edlen Dingen. Bei Unstimmigkeiten kommen Sie am besten direkt zur Sache. Wenn Sie dabei auf Widerstand stoßen, argumentieren Sie logisch und lockern eine angespannte Atmosphäre mit Humor auf. Und vor allem: Geben Sie einem Macher immer das Gefühl, er hätte die Kontrolle …

Wie Sie mit einem Herzlichen umgehen

Wenn der Herzliche Sorgen und Kummer hat, geben Sie ihm nicht sofort Ratschläge, sondern hören Sie geduldig zu. Er findet seine Lösung am besten selbst, indem er seine Gefühle offenbart. Ein herzlicher Typ hat den steten Wunsch, in Übereinstimmung mit seinem Inneren zu sein. Deshalb sollten Sie ihm jederzeit die Gelegenheit bieten, sich aussprechen zu können. Verwöhnen Sie ihn außerdem mit kleinen Aufmerksamkeiten und sorgen Sie dafür, dass er immer gute Freunde oder seine Familie um sich hat. Sie erfreuen einen Herzlichen auch mit humorvollen Aktivitäten oder Ritualen, die Harmonie in Ihrer Beziehung herstellen.

Wie Sie mit einem Realisten umgehen

Zeigen Sie ihm Ihre Wertschätzung und lassen Sie ihn wissen, dass Sie für ihn da sind. Setzen Sie ihn nie unter Druck, sondern geben Sie ihm die Zeit, die er benötigt. Nehmen Sie keine spontanen Aktionen ohne ihn in Angriff, sondern planen Sie mit ihm gemeinsam. Sorgen Sie für Auszeiten in entspannter Atmosphäre und pflegen Sie ein paar Rituale – verwöhnen Sie ihn zum Beispiel mit leiblichen Genüssen.

Wie Sie mit einem Visionär umgehen

Wenn er manchmal gereizt reagiert, dann sehen Sie darüber hinweg. Ein Visionär befindet sich dann meist im Streit mit sich selbst. Und das so lange, bis er in einer kreativen Phase sein Problem gelöst hat. Wenn er wieder mal voller Unruhe ist, dann bieten Sie ihm an, gemeinsam nach möglichen Lösungen zu suchen. Akzeptieren Sie seine Stimmungen, soweit es geht, und nehmen Sie seine impulsiven Ausbrüche nicht persönlich. Sollte der Visionär jedoch zu heftig reagieren, weisen Sie ihn in seine Schranken!

Erfolgreich im Verhandlungsgespräch

Jeder Verhandlungspartner hat so seinen eigenen Verhaltensstil – und auch Sie haben Ihren. Doch welcher Typ bevorzugt welchen Verhandlungsstil, und wie können Sie bei Ihrem Gegenüber punkten?

Wie Sie Macher überzeugen

Steigen Sie bei einem Macher direkt in die Verhandlung ein: Machen Sie klare, logische Aussagen, stellen Sie ihm mehrere Möglichkeiten vor und lassen Sie ihn entscheiden. Geben Sie ihm dabei das Gefühl, überlegen zu sein. Zeigen Sie Engagement und liefern Sie handfeste Fakten, langweilen Sie ihn jedoch nicht mit Einzelheiten. Und denken Sie daran: Macher wollen immer das Beste, Größte und Neueste!

Wie Sie Herzliche überzeugen

Bieten Sie dem Herzlichen einen Kaffee an und machen Sie ein wenig Smalltalk – damit sorgen Sie für eine harmonische Atmosphäre. Stellen Sie viele Fragen, denn diese Charaktere reden gerne. Ein herzlicher Typ schätzt es außerdem, wenn Sie ihn mit seinem Namen ansprechen. Haben Sie sein Vertrauen gewonnen, lässt er sich gerne führen – Ihre Vorschläge oder Produkte müssen allerdings modern sein!

Wie Sie Realisten überzeugen

Überfordern Sie einen realistischen Typ nicht mit zu vielen Informationen. Für ihn zählt weniger der neueste High-Tech-Standard als vielmehr das Preis-Leistungsverhältnis. Überzeugen Sie ihn davon, dass Sie ihn nicht übers Ohr hauen möchten – und tun Sie es auch nicht! Der Realist liebt das Bewährte und Praktische. Geben Sie ihm das Gefühl, dass er mit seiner Entscheidung die einzig richtige Wahl trifft. Und lassen Sie ihm Zeit: Denn wenn er einmal gekauft hat, ist er meist ein treuer Kunde …

Wie Sie Visionäre überzeugen

Um Visionäre zu überzeugen, bedarf es schon mal verrückter Methoden: Diese Persönlichkeiten sind sehr spontan, lieben ungewöhnliche Dinge und sind auf der emotionalen Ebene kaum beeinflussbar. Liefern Sie daher immer Fakten, wissenschaftliche Beweise und auch mehrere Vorschläge mit all ihren Vor- und Nachteilen. Und denken Sie daran: Visionäre mögen Ideen, die etwas schräg sind.

Doch ob Sie es nun mit einem Visionär, einem Realisten, einem Herzlichen oder einem Macher zu tun haben: Ebenso wichtig wie eine gute Einschätzung anderer Menschen ist es, den eigenen Charakter und Verhaltensstil zu kennen. Denn nur dann können Sie angemessen auf andere zugehen und Ihre eigenen Bedürfnisse, Stärken und Schwächen mit denen Ihres Gegenübers in Einklang bringen. Wenn Sie dabei zusätzlich Ihre Körpersprache einsetzen, werden Sie neuen Begegnungen wie bewährten Beziehungen positiv gegenüberstehen und sie erfolgreich meistern!

Zum Nachschlagen

Dank der Autorin

Körpersprache, die älteste Sprache der Welt. Die Sprache, die uns von Geburt an bis zum Lebensende begleitet und mehr mitteilt als jedes Wort. Die Sprache, die alle Empfindungen preisgibt und niemals schläft. Das Thema Körpersprache ist allgegenwärtig. Und jeder Mensch hat – mehr oder minder bewusst – ein bestimmtes Basiswissen: Manches war Ihnen sicher bereits vor der Lektüre dieses Buches bekannt, manches haben Sie vielleicht geahnt oder war nur in Vergessenheit geraten. Und bestimmt haben Sie auch sehr viel Neues erfahren, das Ihnen in Zukunft eine gute Hilfe sein kann. Mein Wissen verdanke ich den Untersuchungen und Erkenntnissen zahlreicher Experten – sie ermöglichten es mir, mich auf dem Gebiet der Körpersprache zu schulen und kontinuierlich weiterzuentwickeln. Erwähnen möchte ich hier vor allem Samy Molcho – eine Koryphäe in Sachen Körpersprache –, den ich sowohl als Lehrer und auch als Freund sehr schätze. Danken möchte ich auch dem gesamten GU-Team für die kooperative und erfolgreiche Zusammenarbeit, die mir viel Freude gemacht hat. Ein herzlicher Dank geht außerdem an Carmen Bloß, meine rechte Hand, die mich mit Anregungen und Geduld intensiv unterstützt hat. Und ebenso an Jakob Lachermeier, der nicht nur als Fotomodell sein Bestes gegeben hat, sondern auch zu einem guten Freund wurde. Weiterhin möchte ich gerne danken: Esther Szolnoki, Andrea Stöcklein, Hans-Jochen Fröhlich, Sabine Hübner, dem Foto-Shooting-Team sowie allen Probanden. Und ein besonderes Dankeschön gilt meinen Eltern, die mir die Freiheit und auch das Vertrauen geschenkt haben, die es mir möglich gemacht haben, meinen Weg zu gehen.

Kontaktadresse der Autorin

Sie möchten mehr über Monika Matschnig und ihre Arbeit erfahren? Dann besuchen Sie doch mal ihre Homepage unter www.matschnig.com.

Bücher, die weiterhelfen

Castrian, Wilma: *Lehrbuch der Psycho-Physiognomik*; Haug, Stuttgart

Castrian, Wilma: *Praxis der Psycho-Physiognomik. Das Arbeitsbuch zur Antlitzdiagnostik mit Fallbeispielen*; Haug, Stuttgart

Corssen, Jens: *Der Selbst-Entwickler. Das Corssen Seminar*; Marixverlag, Wiesbaden

Corssen, Jens: *Als Selbst-Entwickler zu privatem und beruflichem Erfolg (4 CDs)*; Campfire Audio

Croos-Müller, Claudia: *Überzeugend auftreten. Körpersprache und Selbstpräsentation für Frauen*; Kösel, München

Ekman, Paul: *Gefühle lesen. Wie Sie Emotionen erkennen und richtig interpretieren*; Spektrum Akademischer Verlag, Heidelberg

Focus Magazin Verlag/Unternehmen Erfolg: *Focus Forum: Die Erfolgsmacher – Von den Besten profitieren*; Campus, München

Hierhold, Emil: *Sicher präsentieren – wirksamer vortragen*; Ueberreuter Wirtschaftsverlag, Frankfurt

Matschnig, Monika: *Wirkung. Immer. Überall. CD. Lassen Sie Ihre Leistungen sichtbar werden (Audio CD)*; Campus, Frankfurt

Matschnig, Monika: *Durch Körpersprache wirken, Hörbuch (2 CDs)*; Campfire Audio

Matschnig, Monika: *30 Minuten Körpersprache verstehen;* Gabal Verlag,

Molcho, Samy: *Alles über Körpersprache. Sich selbst und andere besser verstehen*; Goldmann, München

Molcho, Samy: *Körpersprache der Promis*; Goldmann, München

O' Connor, Joseph und Seymour, John: *Neurolinguistisches Programmieren: Gelungene Kommunikation und persönliche Entfaltung*; VAK Verlag, Kirchzarten

Palm, Stephanie und Pinl, Armin: *Face Reading. Was das Gesicht über die Persönlichkeit verrät*; Kösel, München

Pease, Allan und Pease, Barbara: *Die kalte Schulter und der warme Händedruck*; Ullstein, Berlin

Pease, Allan und Pease, Barbara: *Der tote Fisch in der Hand und andere Geheimnisse der Körpersprache*; Ullstein, Berlin

Rückle, Horst: *Körpersprache für Manager*; Verlag Moderne Industrie, Landsberg

Rückle, Horst: *Körpersprache im Verkauf*; Redline Wirtschaft bei Verlag Moderne Industrie, Landsberg

Spies, Stefan: *Authentische Körpersprache*; Hoffmann und Campe, Hamburg

Bücher aus dem Gräfe und Unzer Verlag

Berckhan, Barbara: *Einfach selbstsicher: Das Soforthilfe-Programm für mehr Gelassenheit und Souveränität*; Gräfe und Unzer, München

Bonneau, Elisabeth: *300 Fragen zum guten Benehmen*; Gräfe und Unzer, München

Bonneau, Elisabeth: *Erfolgsfaktor Smalltalk. Mühelos Kontakte knüpfen*; Gräfe und Unzer, München

Grillparzer, Marion: *Salto vitale – In 24 Stunden in ein neues Leben starten*; Gräfe und Unzer Verlag, München

Hain, Gerhard und Engelbert, Sonja: *Auslands-Knigge*; Gräfe und Unzer, München

Hetzer, Karin: *Rhetorik im Job: In jeder Situation überzeugen*; Gräfe und Unzer, München

Öttl, Christine und Härter, Gitte: *Selbst-Marketing. Zeigen Sie, was in Ihnen steckt*; Gräfe und Unzer, München

Seiwert, Lothar und Gay, Friedbert: *Das neue 1x1 der Persönlichkeit*; Gräfe und Unzer, München

Von Au, Franziska: *Erfolgreich auftreten im Beruf*; Gräfe und Unzer, München

Wahl, Heidi: *Rhetorik. Überzeugend reden. Die besten Tipps für jeden Anlass*; Gräfe und Unzer, München

Wolff, Inge: *Anti-Blamier-Knigge*; Gräfe und Unzer, München

Register

Impressum

Leitende Redaktion: Anita Zellner
Redaktion: Esther Szolnoki
Lektorat: Andrea Stöcklein
Umschlaggestaltung und Layout: independent Medien-Design
Coverfoto: Alain Daussin/Riser/Getty Images
Herstellung: Markus Plötz
Satz: Filmsatz Schröter, München
Repro: Longo, Bozen
Druck und Bindung: Printer, Trento

ISBN 978-3-8338-0789-3

1. Auflage 2007

Umwelthinweis

Dieses Buch wurde auf chlorfrei gebleichtem Papier gedruckt. Um Rohstoffe zu sparen, haben wir auf Folienverpackung verzichtet.

Bildnachweis

Fotoproduktion:
Christin Losta
Fotomodell: Jakob Lachermeier

Weitere Fotos:
Fotostudio Strobl: S. 5

Illustrationen:
Sonja Heller (www.bufbi.de)

Die GU-Homepage finden Sie unter www.gu-online.de

GRÄFE UND UNZER
100 JAHRE GANSKE VERLAGSGRUPPE

Ein Unternehmen der
GANSKE VERLAGSGRUPPE

Wichtiger Hinweis

Die Beiträge in diesem Buch sind sorgfältig recherchiert und entsprechen dem aktuellen Stand.
Abweichungen, beispielsweise durch seit Drucklegung geänderte Preise, Gebühren, Anlageentwicklungen, WWW-Adressen etc., sind nicht auszuschließen. Weder die Autorin noch der Verlag können für eventuelle Nachteile oder Schäden, die aus den im Buch gegebenen praktischen Hinweisen resultieren, eine Haftung übernehmen.

DAS ORIGINAL MIT GARANTIE GU

Unsere Garantie

Alle Informationen in diesem Ratgeber sind sorgfältig und gewissenhaft geprüft. Sollte dennoch einmal ein Fehler enthalten sein, schicken Sie uns das Buch mit dem entsprechenden Hinweis an unseren Leserservice zurück. Wir tauschen Ihnen den GU-Ratgeber gegen einen anderen zum gleichen oder ähnlichen Thema um.

Liebe Leserin und lieber Leser,

wir freuen uns, dass Sie sich für ein GU-Buch entschieden haben. Mit Ihrem Kauf setzen Sie auf die Qualität, Kompetenz und Aktualität unserer Ratgeber. Dafür sagen wir Danke! Wir wollen als führender Ratgeberverlag noch besser werden. Daher ist uns Ihre Meinung wichtig. Bitte senden Sie uns Ihre Anregungen, Ihre Kritik oder Ihr Lob zu unseren Büchern. Haben Sie Fragen oder benötigen Sie weiteren Rat zum Thema? Wir freuen uns auf Ihre Nachricht!

Wir sind für Sie da!
Montag – Donnerstag: 8.00 – 18.00 Uhr;
Freitag: 8.00 – 16.00 Uhr
Tel.: 0180 - 5 00 50 54*
Fax: 0180 - 5 01 20 54*
E-Mail: leserservice@graefe-und-unzer.de

P.S.: Wollen Sie noch mehr Aktuelles von GU wissen, dann abonnieren Sie doch unseren kostenlosen GU-Online-Newsletter und/oder unsere kostenlosen Kundenmagazine.

GRÄFE UND UNZER VERLAG
Leserservice
Postfach 86 03 13
81630 München

*(0,14 €/Min. aus dem dt. Festnetz)

Teambildung